Sprachwelten Russisch

Мои белые ночи

Anna Shakotko
Maria Einwächter
Tatiana Rochko
Evgenia Kharitonchik

Vokabeltraining
zum Buch!

Lerne die Vokabeln zu diesem Buch: Mit phase6, Deutschlands führenden Vokabeltrainer.

Mit phase6 übst du deine Vokabeln über Computer, Tablet und Smartphone mit Android oder iOS.

Der Circon Verlag schenkt dir die erste Vokabelsammlung zu seinen Büchern. Nur erhältlich über diesen Link (QR-Code).

Der beste Sprachtrainer für die Schule.

Baierbrunner Straße 27, 81379 München
Ausgabe 2023
3. Auflage

Redaktion: Isabella Bergmann
Fachkorrektur: Anneliese Hoenack, Lilia Atorf
Produktion: Ute Hausleiter
Titelabbildungen: shutterstock.com/Angelina Bambina
Gestaltung: red.sign GbR, Stuttgart
Umschlaggestaltung: red.sign GbR, Stuttgart

ISBN 978-3-8174-2164-0
381742164/3

Besuchen Sie uns auf Instagram und Facebook: circonverlag.de
www.circonverlag.de

Lesen und Lernen mit den Sprachwelten

So abwechslungsreich war **Russischlernen** noch nie! Die Sprachwelten kombinieren unterhaltsames Lesen mit dem bewährten didaktischen Konzept der Reihe Lernkrimi. Die vier Kurzgeschichten sind von **muttersprachlichen Autoren** verfasst und genau auf Ihr **Lernniveau** abgestimmt – perfekt für den Unterricht oder individuelles Lernen.

Wörter, die noch unbekannt sind, werden direkt auf der Seite übersetzt, so ist kein zusätzliches Nachschlagen erforderlich. Das **alphabetische Glossar** am Ende des Buches bietet eine Übersicht aller **Vokabeln** mit ihren Übersetzungen. Im **phase6-Vokabeltrainer** sind diese sogar vertont.

Jede Kurzgeschichte enthält abwechslungsreiche, auf den Text bezogene **Übungen** zu Wortschatz, Grammatik und Textverständnis, die zum aktiven Lernen motivieren. Überprüfen Sie Ihren Lernerfolg einfach im **Abschlusstest**. Im Anhang finden Sie alle **Lösungen**.

Ergänzend zu jeder Kurzgeschichte verweisen **Infokästen** auf sprachliche und landeskundliche Besonderheiten.

Inhalt

Мои белые ночи

Анна Шакотько

Es ist Sommer in Sankt Petersburg und die Zeit der Weißen Nächte ist angebrochen. Musik, Kunst und das pulsierende Leben in einer Stadt, in der die Sonne kaum untergeht, laden zum Träumen ein. Auch die Herzen von Anja und Max schlagen im Gleichklang mit dem Rhythmus der Stadt. Das Versprechen einer strahlenden Zukunft wird jedoch schon bald von der politischen Realität überschattet.

Max studiert Anthropologie und sowjetische Geschichte. Er begeistert sich für Politik und für das Leben im Westen.

Anja ist frischgebackene Studentin der Journalistik an der Universität Sankt Petersburg.

Sveta ist Hobbyfotografin und seit der Schulzeit mit Anja befreundet.

Пя́тница. У́тро. В **гости́ной** звони́т телефо́н. Звоня́т из университе́та Санкт-Петербу́рга:

– Поздравля́ем! Вы – студе́нтка факульте́та журнали́стики на́шего университе́та. Нача́ло Ва́шего пе́рвого семе́стра в сентябре́.

А́ня Лурье́ о́чень сча́стлива. Она́ всегда́ хоте́ла учи́ться в университе́те Санкт-Петербу́рга. Э́тот университе́т о́чень изве́стный.

гости́ная *f*	Wohnzimmer
сове́тский	sowjetisch
свети́ть *uv*	leuchten
зда́ние *n*	Gebäude
подъезжа́ть *uv*	anfahren
осо́бый	besonderer

«Я должна́ рассказа́ть об э́том Ма́ксу!» – поду́мала А́ня. Ма́кс Якубо́вский – лу́чший друг А́ни. Он – то́же студе́нт. Он у́чится в Европе́йском университе́те, занима́ется антрополо́гией и **сове́тской** исто́рией. А́ня вы́шла на у́лицу и пошла́ к авто́бусной остано́вке. Она́ се́ла в авто́бус и пое́хала в центр го́рода. Пого́да сего́дня была́ о́чень хоро́шая: **свети́ло** со́лнце и бы́ло тепло́. Дома́ в сти́ле ста́линского ампи́ра [i] зако́нчились, и начали́сь **зда́ния** в сти́ле моде́рн. Э́то зна́чит, что авто́бус **подъезжа́л** к це́нтру го́рода. А́ня е́хала на у́лицу Рубинште́йна. Э́то **осо́бое** ме́сто, его́ ча́сто называ́ют петербу́ргским Кро́йцбергом. Ка́ждые выходны́е на э́той у́лице мно́го студе́нтов, хи́пстеров, интеллектуа́лов и боге́-

Als Stalin-Empire oder Stalinistischer Zuckerbäckerstil wird ein Baustil bezeichnet, der auch als Sozialistischer Klassizismus bekannt ist. In der Sowjetunion wurden während der Machtherrschaft Josef Stalins viele repräsentative Bauten in diesem Stil errichtet.

мы. Э́то то ме́сто, в кото́ром встреча́ются с друзья́ми, пьют вку́сное вино́ и хорошо́ **прово́дят** вре́мя.

проводить *uv*	verbringen
прихо́д *m*	Ankunft
новостна́я ле́нта *f*	Newsfeed, digitale Pinnwand

– Ну наконе́ц-то! Приве́т! Я уже́ заказа́л фала́фель, – сказа́л Макс.

Макс закры́л свой MacBook. До **прихо́да** А́ни он смотре́л **новостну́ю ле́нту** на фейсбу́ке и паралле́льно чита́л статьи́ в журна́ле «Сноб». Макс был в сви́тере и сти́льных очка́х – унифо́рма космополи́та-интеллектуа́ла.

Упражне́ние 1: Запо́лните. Lesen Sie weiter und ergänzen Sie den Text sinnvoll!

Друзья́ встре́тились в изра́ильском стрит-фуд-ба́ре «Беки́цер». Э́то **1.** бы́ло / была́ о́чень **ую́тное** и **2.** аутенти́чная / аутенти́чное ме́сто, **о́стров** тёплого и со́лнечного Тель-Ави́ва во всегда́ холо́дном и се́ром Петербу́рге. **3.** Там / Здесь е́ли изра́ильскую **яи́чницу**, шакшу́ку, фала́фель и шаве́рму[i], пи́ли вку́сное коше́рное вино́. По́сле 1990-х годо́в **4.** ру́сский / ру́сская ку́хня си́льно **измени́лась. Появи́лись** но́вые рестора́ны. Сейча́с **5.** в / на го́роде есть рестора́ны и кафе́ **на**

любо́й вкус – италья́нские, испа́нские, грузи́нские, изра́ильские, францу́зские и т.д.

– Макс!!! Я **поступи́ла** на факульте́т журнали́стики! Как хоте́ла.

Макс был сча́стлив. А́ня всегда́ **брала́** с собо́й **блокно́т**, задава́ла мно́го вопро́сов, её инстагра́м – э́то портфо́лио профессиона́льного фото́графа. С ней **та́кже** всегда́ была́ её Leica. Она́ фотографи́ровала жизнь го́рода, друзе́й и **жи́телей**.

– Ура́! Я о́чень-о́чень рад, сказа́л Макс.

ую́тный	gemütlich
о́стров *m*	Insel
яи́чница *f*	Rührei
измени́ться *v*	sich verändern
появи́ться *v*	*hier:* entstehen
на любо́й вкус *m*	für jeden Geschmack
поступи́ть *v*	sich einschreiben
брать *uv*	*hier:* mitnehmen
блокно́т *m*	Notizblock
та́кже	auch, ebenfalls
жи́тель/ жи́тельница	Einwohner/in
и́з-за	wegen

В Росси́и о́чень тру́дно рабо́тать журнали́стом **и́з-за** плохо́й полити́ческой ситуа́ции. Поэ́тому в Росси́и ча́сто шу́тят, что в стране́ есть журнали́сты, но нет журнали́стики.

А́ня спроси́ла:

– Ты чита́ешь журна́л «Сноб»? Я его́ о́чень люблю́. Ещё я люблю́ газе́ту «Коммерса́нтъ» и ча́сто слу́шаю ра́дио

Die Studenten genießen typische israelische Gerichte. Schakschuka ist ein Gericht aus poschierten Eiern, Zwiebeln und Chili in Tomatensauce. Falafel sind frittierte Kichererbsenbällchen und Schawarma ist eine Art Dönergericht und ein beliebtes Streetfood.

«Э́хо Москвы́». А́ня посмотре́ла по сторона́м. Лю́ди в ба́ре бы́ли интере́сные: сти́льная оде́жда, интеллектуа́льные ли́ца. Мужчи́на напро́тив чита́л то́лстую кни́гу на англи́йском языке́. Спра́ва от него́ сиде́ла па́ра. Ря́дом с А́ней сиде́ла гру́ппа студе́нтов. Все акти́вно говори́ли, смея́лись, расска́зывали но́вости и шу́тки.

дружи́ть *uv*	befreundet sein
продолжа́ть *uv*	fortfahren, weitermachen

– Да. Я ещё люблю́ интерне́т-газе́ту «Меду́за» и англоязы́чные газе́ты, – отве́тил Макс.

– Где ты учи́лся? – спроси́ла А́ня.

– Я мно́го учи́лся: ле́кции, университе́т. Ещё был в Москве́, – говори́л Макс.

– Да? Что ты де́лал в Москве́?

Макс улыбну́лся. Петербу́рг и Москва́ – са́мые больши́е города́ в Росси́и. Есть стереоти́п, что они́ не **дру́жат** друг с дру́гом. Петербу́ржцы ча́сто пло́хо говоря́т о Москве́. Они́ ду́мают, что их го́род культу́рнее, краси́вее и интеллектуа́льнее. Москвичи́ то́же ча́сто пло́хо говоря́т о Петербу́рге. Они́ ду́мают: «Москва́ – фина́нсовый центр. Москва́ – го́род техноло́гий. Го́род, кото́рый смо́трит в бу́дущее. А Петербу́рг живёт в про́шлом. Ещё в Петербу́рге всегда́ плоха́я пого́да».

– Что я де́лал в Москве́? – **продолжа́л** Макс. – Я там был на пра́ктике. Сейча́с я пишу́ маги́стрскую диссерта́цию о ро́ли сове́тской пропага́нды.

– Ва́у! Интере́сно!

– А́ня, что ты хо́чешь есть?

Упражне́ние 2: Словосочета́ния. Bilden Sie sinnvolle Wortgruppen!

1. ☐ профессиона́льный	a) в бу́дущее
2. ☐ заказа́ть	b) оде́жда
3. ☐ смотре́ть	c) фото́граф
4. ☐ слу́шать	d) вино́
5. ☐ сти́льная	e) ра́дио

– Возьму́ фала́фель.
– Хорошо́!
Подошёл **приве́тливый** официа́нт, А́ня сде́лала

приве́тливый	freundlich
древнегре́ческий язы́к	Altgriechisch

In Russland wird man meist erst mit sieben Jahren eingeschult. Die Grundschule dauert vier Jahre, anschließend besucht man fünf Jahre lang eine allgemeine Schule und schließt diese nach der 9. Klasse mit der allgemeinen Schulreife ab. Danach kann man entweder zwei Jahre lang die Sekundarstufe oder eine Berufsschule besuchen. Der Abschluss der Oberschulstufe ist äquivalent zum Abitur und berechtigt zum Hochschulstudium.

зака́з: фала́фель и бе́лое вино́. Когда́ принесли́ вино́, А́ня уви́дела ста́рых друзе́й:
– О, смотри́, кто к нам идёт! Све́та Струга́цкая с её но́вым бойфре́ндом.
Све́та и А́ня – друзья́ по шко́ле. Они́ вме́сте учи́лись в класси́ческой гимна́зии (i), вме́сте учи́ли лати́нь и **древнегре́ческий**. Они́ та́кже проводи́ли ка́ждое ле́то на да́че у ба́бушки ря́дом с

Петербу́ргом. Све́та была́ краси́вая брюне́тка. Она́ учи́лась в Акаде́мии иску́сств и занима́лась фотогра́фией как хо́бби. Её бойфре́нд Алексе́й был **кру́пным** и высо́ким блонди́ном. Он уже́ два го́да жил в Герма́нии и рабо́тал там музыка́нтом, а в родно́й Петербу́рг **иногда́** приезжа́л в го́сти. Све́та поцелова́ла А́ню и Ма́кса и спроси́ла:

– Приве́т! **Как жизнь**?

– Прекра́сно. А у вас?

– То́же. А́лекс прие́хал на три дня.

Упражне́ние 3: Пра́вильно и́ли непра́вильно?
Kreuzen Sie die richtigen Aussagen an und berichtigen Sie die falschen!

1. А́ня заказа́ла фала́фель и кра́сное вино́. ☐

   ______________________________.

2. Макс чита́ет газе́ту «Меду́за». ☐

   ______________________________.

3. А́лекс не живёт в Росси́и. ☐

   ______________________________.

4. Све́та – подру́га А́ни по университе́ту. ☐

   ______________________________.

5. Беки́цер – францу́зский бар. ☐

   ______________________________.

6. Бойфре́нд Све́ты живёт в Петербу́рге. ❒

____.

7. Алексе́й прие́хал в Петербу́рг на три дня. ❒

____.

– **С прие́здом!** Как в Герма́нии?
– Чи́сто, краси́во, ти́хо, – отве́тил А́лекс, – как всегда́.
Все улыбну́лись. Они́ то́же ча́сто **путеше́ствовали** по За́падной Евро́пе, Макс да́же жил в Берли́не де́сять ме́сяцев.
Как и мно́гие **образо́ванные** молоды́е лю́ди в урбанизи́рованных росси́йских города́х, А́ня, Макс и Све́та люби́ли и **уважа́ли** За́падную Евро́пу и хорошо́ понима́ли слова́ Алексе́я.
– **Еди́нственное**, я не люблю́ неме́цкие но́вости, – сказа́л А́лекс.
– Да? Я ду́мала, ру́сские но́вости – са́мые ху́дшие, сказа́ла А́ня, – э́то не но́вости, а пропага́нда.
– Да. Нет, серьёзно – везде́ есть двойно́й станда́рт, – продолжа́л А́лекс, – включа́ешь неме́цкие но́вости, смо́тришь репорта́жи о Росси́и – и ду́маешь, что здесь нельзя́ жить.

кру́пный	*hier:* stattlich
иногда́	manchmal, gelegentlich
ϟ **Как жизнь?**	Wie geht's?
С прие́здом!	Willkommen!
путеше́ствовать *uv*	reisen
образо́ванный	gebildet
уважа́ть *uv*	achten, respektieren
еди́нственное	lediglich, nur

Упражне́ние 4: Запо́лните. Lesen Sie weiter und setzen Sie die die passenden Wörter ein:

Евро́пы | ду́маю | те́хно | хоти́те | часа́

– **В то́чку!** – сказа́л Макс. – Я всё вре́мя об э́том 1. __________. В чём ра́зница ме́жду **миллениа́лами** Росси́и и За́падной 2. __________? То́чно не в оде́жде. В масшта́бе пробле́м.

– Да, это так, – **согласи́лся** А́лекс.

– Кото́рый час? – спроси́ла А́ня.

– Полови́на седьмо́го.

– **Бо́ги**, мы уже́ три 3. __________ тут сиди́м! Дава́йте пойдём куда́-нибудь? Мо́жет, в «Танцплоща́дку[i]»? Вы 4. __________ танцева́ть? Све́та?

– Я хочу́, но А́лекс то́чно нет. Он сли́шком «класси́ческий» для му́зыки 5. __________.

– Ну тогда́ пошли́ в «Шля́пу», там игра́ют лу́чший джаз в го́роде.

– Пошли́! – согласи́лись Све́та и А́лекс.

Ребя́та вы́шли из ба́ра. Бы́ло светло́. Петербу́ргская бе́лая ночь. Петербу́рг в ию́не прекра́сен: светло́, те-

пло́, и мо́жно гуля́ть до утра́.
Вдруг друзья́ услы́шали шум. Шум был о́чень гро́мким.
– Ребя́та, вы слы́шали? Что там тако́е?
– Не зна́ю.
Друзья́ пошли́ в сто́рону Не́вского проспе́кта. Че́рез пять мину́т они́ увиде́ли мно́го люде́й. Лю́ди несли́ плака́ты и **крича́ли** гро́мкие ло́зунги.
– А! Ребя́та, тут **ми́тинг**, – сказа́ла А́ня.
– Кто и про́тив чего́ митингу́ет? – спроси́л А́лекс.
– Э́ти лю́ди митингу́ют про́тив президе́нта и его́ **вое́нной кампа́нии**, – отве́тил Макс.
– Ребя́та, я хо́чу **поддержа́ть** ми́тинг и пойти́ вме́сте с э́тими людьми́. Я за **мир**, демокра́тию, **свобо́ду** и толера́нтность в Росси́и, – сказа́ла А́ня.
– Да, мы то́же, дава́йте, – отве́тила Све́та.
– Я не хочу́, – сказа́л Макс. – Э́то **опа́сно**.
– Как хо́чешь.
Макс ушёл. Он пошёл в джаз-бар. А́ня, Све́та и А́лекс пошли́ к лю́дям

↯ **В то́чку!**	Genau!
миллениа́лы *pl*	„Millennials“, Generation der Jahrtausendwende
согласи́ться *v*	zustimmen
Бог *m*	Gott
крича́ть *uv*	schreien
ми́тинг *m*	*hier:* Protestkundgebung
вое́нная кампа́ния *f*	Militärkampagne
поддержа́ть *v*	unterstützen, beistehen
мир *m*	Frieden
свобо́да *f*	Freiheit
опа́сно	gefährlich

Sankt Petersburg gilt als die russische Hauptstadt der Bars. „Tanzploschadka“ (Tanzfläche) ist einer der bekanntesten Nachtclubs.
Der Jazzclub „Schljapa“ (Der Hut) ist ein Muss für alle weltberühmten Jazzmusiker und -fans. Er ist berühmt für seine nächtlichen *jam sessions.*

на ми́тинг. Они́ бы́ли в це́нтре Не́вского проспе́кта. Люде́й на проте́сте бы́ло мно́го: они́ крича́ли, **хло́пали**, держа́ли плака́ты.

Снача́ла друзья́ не зна́ли, что де́лать. Они́ бы́ли пе́рвый раз на ми́тинге. Они́ не хоте́ли крича́ть, поэ́тому про́сто шли с други́ми людьми́. Солида́рность иногда́ возмо́жна без слов. Лю́ди крича́ли:

«Мы хоти́м мир!»
«Мы хоти́м свобо́ду!»
*«Нет – **войне́**, да – свобо́де!»*

«Хоро́шие слова́», – поду́мали ребя́та.

Лю́ди на ми́тинге бы́ли **ве́жливы** и помога́ли друг дру́гу: дава́ли во́ду, подде́рживали до́брым сло́вом. Так, вме́сте, они́ шли по Не́вскому проспе́кту. Маши́н не бы́ло.

Спра́ва дома́, сле́ва дома́: о́чень краси́вая архитекту́ра.

Не́вский проспе́кт зака́нчивался, ми́тинг зака́нчивался то́же. Вдруг друзья́ уви́дели поли́цию – мужчи́н и же́нщин в **фо́рме**. Поли́ция была́ **недружелю́бна**. Им не нра́вился ми́тинг, не нра́вились иде́и и ло́зунги **протесту́ющих** лю́дей. Они́ ду́мают, что в Росси́и всё хорошо́, поэ́тому не понима́ют, почему́ лю́ди выхо́дят на у́лицы.

хло́пать *uv*	klatschen
война́ *f*	Krieg
ве́жливый	höflich
фо́рма *f*	Uniform
недружелю́бный	unfreundlich
протесту́ющий	demonstrierend

Упражне́ние 5: Что ли́шнее? Welches Wort ist das „schwarze Schaf“? Unterstreichen Sie!

1. отли́чно плóхо клáссно хорошó
2. проспе́кт у́лица гóрод плóщадь
3. поли́ция университе́т библиоте́ка президе́нт
4. архитекту́ра иску́сство музе́й культу́ра

Полице́йские неве́жливо разговáривали с пятью́ молоды́ми людьми́ с проте́ста:

– Заче́м вы здесь? Почему́ вы не дóма? Э́то óчень **глу́по**, что вы де́лаете! – услы́шали друзья́ разговóр поли́ции и гру́ппы молоды́х люде́й.

Полице́йские тáкже уви́дели А́нну и её компáнию. Они́ спроси́ли:

– А вы почему́ не дóма? Таки́е молоды́е, иди́те лу́чше в другóе ме́сто!

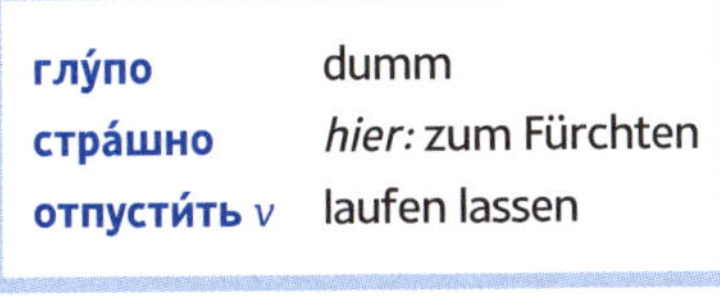

глу́по	dumm
стрáшно	*hier:* zum Fürchten
отпусти́ть *v*	laufen lassen

Друзья́м бы́ло **стрáшно**. Макс был прав. Ми́тинг в Росси́и – э́то óчень опáсно. К счáстью, полице́йские скóро **отпусти́ли** ребя́т. Друзья́ бы́стро нашли́ метрó и поéхали к Мáксу в бар.

Че́рез полчасá они́ бы́ли в бáре. Бар называ́лся «Шля́па». Э́то бар, в котóром музыкáнты импрови-зи́руют. Певцы́ пою́т, музыкáнты игрáют. Здесь есть

скрипачи́, виолончели́сты, **тромбони́сты**, **бараба́нщики** и соли́сты. Атмосфе́ра о́чень **рассла́бленная**. Му́зыка – чуде́сная. Лю́ди разгова́ривают друг с дру́гом, пьют вино́, флирту́ют и́ли про́сто слу́шают краси́вую му́зыку. Разгово́ры тут ра́зные: о литерату́ре, о жи́зни, о поли́тике.

скрипа́ч *m*	Geiger
тромбони́ст *m*	Posaunespieler
бараба́нщик *m*	Schlagzeuger
рассла́бленный	entspannt, locker
возвраща́ться *uv*	zurückkehren
вечери́нка *f*	Party
остана́вливаться *uv*	stoppen, halten

Макс был в це́нтре за́ла. Он и лю́ди ря́дом с ним танцева́ли.

– Макс, приве́т! Как дела́?

– Ты не представля́ешь, что бы́ло! Полице́йские с на́ми разгова́ривали. Бы́ло стра́шно.

– Я говори́л. Ми́тинг – э́то не шу́тки. Э́то опа́сно. Иногда́ люде́й аресто́вывают. Ла́дно, заче́м говори́ть о плохо́м? Дава́йте лу́чше танцева́ть.

Друзья́ танцева́ли до у́тра. Нау́тро они́ вы́шли из ба́ра. Бы́ло тепло́. Они́ шли по у́треннему суббо́тнему го́роду. Го́род не спал. На у́лицах бы́ло мно́го люде́й. Они́ **возвраща́лись** с ба́ров, рестора́нов, конце́ртов, **вечери́нок** и встреч друзе́й. Мно́гие **остана́вливались** в «бу́лочных» и пи́ли ко́фе, жда́ли откры́тия метро́.

Друзья́ то́же пошли́ в Starbucks и заказа́ли эспре́ссо – все о́чень хоте́ли спать. А́ня сказа́ла, что пойдёт в кио́ск купи́ть све́жую пре́ссу. Она́ купи́ла газе́ту, там не́ было ничего́ серьёзного – то́лько но́вости эконо́мики и культу́ры: «В Петербу́рг приезжа́л изве́стный туре́цкий писа́тель Орха́н Паму́к», «В Петербу́рге прошёл Экономи́ческий фо́рум». Бо́льше нет новосте́й. Тогда́ А́ня посмотре́ла в Интерне́те. Но́вости в Интерне́те бы́ли други́е, серьёзнее: «Вчера́ мно́гие лю́ди с проте́ста бы́ли в поли́ции. Мно́гих спра́шивали, почему́ они́ там, мно́гие до сих пор в поли́ции. Мно́гих арестова́ли». А́ня показа́ла но́вость друзья́м.

– Даа. Хорошо́, что мы здесь.

– Да. Вот так ситуа́ция.

прохла́дно	frisch
дуть *uv*	wehen, blasen

Упражне́ние 6: Определе́ния. Finden Sie die zu den Definitionen passenden Wörter im vorherigen Textabschnitt!

1. газе́та, журна́л ____________

2. здесь мо́жно прочита́ть но́вости ____________

3. челове́к, кото́рый пи́шет ____________

4. здесь мо́жно вы́пить вина́, ко́фе... ____________

5. скрипачи́, соли́сты, пиани́сты ____________

Друзья́ вы́пили све́жий и вку́сный ко́фе и вы́шли на у́лицу. Они́ бо́льше не хоте́ли спать. Макс, А́ня, А́лекс и Све́та шли пешко́м по Не́вскому проспе́кту. Бы́ло **прохла́дно**, **дул** лёгкий ве́тер. Го́род был о́чень **живо́й**. Кто́-то просыпа́лся, кто́-то засыпа́л. А́ня ду́мала о бу́дущем, ду́мала о го́роде, его́ жи́телях, жи́зни и де́тстве в Росси́и. Здесь так мно́го культу́ры: везде́ музе́и и теа́тры, краси́вые дома́, **мосты́** и па́рки. Везде́ исто́рия. Но есть о́чень ма́ло свобо́ды, а без свобо́ды тру́дно жить. Вдруг к ним подошёл тури́ст и спроси́л по-англи́йски:

– Извини́те, как мне пройти́ до Эрмита́жа?

– О, вы идёте в наш прекра́сный музе́й иску́сств?

– Да, я люблю́ иску́сство.

– Вам надо пройти́ пря́мо, перейти́ че́рез доро́гу и потом напра́во. Вы уви́дите **а́рку**, а пото́м **пло́щадь**. Вы сра́зу же узна́ете Эрмита́ж, э́то большо́е зелёное зда́ние в сти́ле боро́кко.

– Спаси́бо!

– Подожди́те! Мы хоти́м пойти́ с ва́ми. Мы то́же о́чень лю́бим иску́сство.

– Дава́йте.

Друзья́ пошли́ с тури́стом пря́мо по проспе́кту, пото́м сверну́ли напра́во и уви́дели краси́вую **широ́кую** пло́щадь. Э́то Дворцо́вая пло́щадь. Пря́мо пе́ред ни́ми была́ Алекса́ндровская коло́нна и Зи́мний дворе́ц. Они́ пошли́ в ка́ссу.

– Да́йте нам, пожа́луйста, четы́ре биле́та. Мы студе́нты.

– Пожа́луйста.

– Ско́лько сто́ит биле́т?

– Вход для студе́нтов беспла́тный.

живо́й	belebt
мост *m*	Brücke
а́рка *f*	Bogen
пло́щадь *f*	Platz
широ́кий	breit
мечта́ *f*	Traum

– Да? Прекра́сно! Спаси́бо.
Они́ зашли́ в музе́й. Кака́я красота́! Сто́лько краси́вых карти́н. Здесь есть все сти́ли и мастера́. Мати́сс, Пика́ссо, Ван Гог, Карава́джо, Да Ви́нчи, Ре́мбрандт...
В музе́е почти́ не́ было люде́й, потому́ что музе́й то́лько откры́лся. Обы́чно здесь о́чень мно́го тури́стов. Друзья́ се́ли напро́тив карти́ны «Та́нец» Мати́сса. Ря́дом стоя́л гид с гру́ппой из Герма́нии и расска́зывал о карти́не.
– Вы ви́дите, карти́на о́чень больша́я, но о́чень проста́я. На карти́не пять фигу́р, они́ танцу́ют. Цве́та немно́го: си́ний, ро́зовый и зелёный. Си́ний цвет – не́бо, ро́зовый – фигу́ры танцо́ров, а зелёный – трава́. Э́то модерни́зм. Мати́сс лю́бит жизнь. Любо́вь к жи́зни, та́нец, му́зыка, **мечта́** – гла́вные те́мы его́ карти́н.

Упражне́ние 7: Анто́нимы. Finden Sie im vorhergehenden Textabschnitt Worte mit gegensätzlicher Bedeutung!

1. ма́ленький ____________________

2. ма́ло ____________________

3. ле́тний ____________________

4. сло́жный ____________________

5. классици́зм ____________________

Карти́на была́ о́чень краси́вая. В ней бы́ло мно́го свобо́ды и дина́мики. Вниз и вверх, бы́стро и ме́дленно. Танцо́ры бы́ли вме́сте и помога́ли друг дру́гу. Они́ держа́ли ру́ки друг дру́га. Е́сли оди́н танцо́р потеря́ет бала́нс и упадёт, э́то почу́вствуют другие танцо́ры.
Ско́ро друзья́ вы́шли из музе́я. Тепе́рь бы́ло тепло́. На пло́щади пе́ред музе́ем бы́ло мно́го тури́стов с фотоаппара́тами. Они́ фотографи́ровали пло́щадь и зда́ния, де́лали се́лфи.
Друзья́ **попроща́лись** друг с дру́гом.
– Спаси́бо! Бы́ло о́чень интере́сно.
– Спаси́бо. Уда́чи!
Они́ **обня́лись** и **нырну́ли** в метро́. Пора́ спать.

Упражне́ние 8: Запо́лните. Lesen Sie weiter und ergänzen Sie den Text sinnvoll mit den angegebenen Wörtern!

ко́фе | после́днем | ую́тная | це́нтру | квартиру | рубле́й

Макс жил бли́же всех к **1.** __________. Он **снима́л** **2.** __________ вме́сте с **однoку́рсницей** по име́ни Ви́та. Она́ – колле́га Ма́кса по университе́ту. Макс зашёл домо́й. Кварти́ра была́ **3.** __________. Ребя́та о́чень люби́ли её, потому́ что она́ была́ на **4. ______________** этаже́. Когда́ тепло́, а в Петербу́рге э́то **ре́дко**, ребя́та шли на балко́н и там сиде́ли, до́лго разгова́ривали и пи́ли **5. ______________** и́ли вино́. Кварти́ра была́ недорога́я. В Петербу́рге **жильё** недорого́е. Кварти́ра, да́же больша́я, да́же в це́нтре го́рода, сто́ит не бо́льше, чем 30000 **6. ______________** (300 е́вро). В Москве́ кварти́ры чуть-чуть доро́же. Макс лёг спать.

На у́тро воскресе́нья Макси́м встал, подошёл к окну́. Бы́ло сно́ва со́лнечно. Ура́! В ко́мнате Ма́кса стоя́л ста́рый граммофо́н, Макс поста́вил вини́л и на́чал слу́шать му́зыку. О́коло 9 утра́ Макс вы́шел из ко́мнаты и пошёл на ку́хню. Ви́та была́ на балко́не. Макс посмотре́л на её ли́цо и сра́зу всё по́нял. Что-то случи́лось.

попроща́ться *v*	sich verabschieden
обня́ться *v*	sich umarmen
нырну́ть *v*	eintauchen
снима́ть *uv*	mieten
одноку́рсник *m*	Kommilitone
ре́дко	selten
жильё *n*	Unterkunft

– Ви́та, до́брое у́тро! Всё норма́льно?
– Макс, ты зна́ешь, что случи́лось?
– Нет. Что?
– Наш университе́т, – сказа́ла Ви́та, – его́ закрыва́ют.

– Что?! Нет, тебе́ **присни́лось**. Почему́?
– Макс, я была́ в пя́тницу в университе́те, разгова́ривала с дека́ном. Они́ **напу́ганы**. У университе́та **забира́ют аккредита́цию**. Его́ хотя́т закры́ть. Мы бо́льше не студе́нты.

присни́ться *v*	träumen
напу́ган	eingeschüchtert
забра́ть *v*	*hier:* entziehen
аккредита́ция *f*	Anerkennung
мочь *uv irr*	können, dürfen

– Э́то и́з-за того́, что...
– Да! Потому́ что мы о́чень «либера́льные», – сказа́ла Ви́та.
Макс не мог пове́рить. Европе́йский университе́т – изве́стный в Петербу́рге ча́стный ко́лледж с либера́льной систе́мой образова́ния. Его́ не **мо́гут** про́сто так закры́ть. Макс хо́чет учи́ться и продолжа́ть занима́ться антрополо́гией.
– Я наде́юсь, всё бу́дет хорошо́, – сказа́л он, – я не ве́рю, что университе́т так легко́ закры́ть.

Упражне́ние 9: Поря́док букв. Bringen Sie die Buchstaben in die richtige Reihenfolge!

1. тепрост ____________________

2. вонотсь ____________________

3. сицтуаяи ____________________

4. келлдож ____________________

5. нитнетре ____________________

– Я то́же. Но я слы́шала, что говори́л дека́н. Ситуа́ция серьёзная.
На у́тро понеде́льника Макс пошёл в университе́т. В университе́те уже́ бы́ло мно́го студе́нтов и ле́кторов. Атмосфе́ра невесёлая. Ли́ца студе́нтов и профессоро́в то́же. Никто́ не знал, что происхо́дит. Никто́ не знал бу́дущего. Был **прика́з**, как э́то называ́ется в Росси́и, «**свы́ше**», что университе́т закро́ют. Заберу́т аккредита́цию, а в зда́нии университе́та откро́ют банк. Э́то зна́чит, что Макс и его́ колле́ги не смо́гут рабо́тать по специа́льности. Они́ должны́ сно́ва учи́ться в други́х университе́тах, получа́ть дипло́м и́ли иска́ть альтернати́вы.

прика́з *m*	Anordnung, Befehl
⚡ **свы́ше**	von übergeordneter Stelle
бастова́ть *uv*	streiken
происхо́дить *uv*	geschehen, sich ereignen
споко́йно	ruhig
суро́вый	rau

Профессора́ говори́ли:
– Э́то невозмо́жно! Мы бу́дем протестова́ть!
– Образова́ние – на́ше всё! Мы – хоро́ший университе́т! Как так, нас закрыва́ют? За что? За хоро́шее образова́ние, кото́рое мы даём на́шим студе́нтам?
Студе́нты то́же **бастова́ли**. Макс смотре́л на всё это и не знал, что ему́ де́лать. «Вчера́ – ми́тинг, сего́дня – э́та ситуа́ция. Что **происхо́дит**? Почему́ он не мо́жет **споко́йно** учи́ться? Почему́ лю́ди не мо́гут споко́йно говори́ть и де́лать, что ду́мают? Краси́вый го́род, краси́вая страна́, интере́сные лю́ди. Да, кли́мат **суро́вый**. Но са́мое гла́вное – нет свобо́ды.

Ты не мо́жешь говори́ть и де́лать то, что хо́чешь. Всегда́ есть лими́т», – ду́мал Макс и смотре́л на весь этот ха́ос.

Макс никогда́ не хоте́л эмигри́ровать. Он люби́л Петербу́рг и ру́сский язы́к.

боя́ться *uv*	sich fürchten
⚡ **Держи́сь!**	Halte durch!
уста́ть *v*	ermüden
за грани́цей *f*	im Ausland
ингредие́нт *m*	Bestandteil
общество *n*	Gesellschaft
упа́сть *v*	fallen

«Эмигра́ция – э́то сло́жно и не для меня, – ду́мал он. – Ты сиди́шь в кла́ссном мо́дном ба́ре с друзья́ми, идёшь в клуб, танцу́ешь и слу́шаешь джаз, всё хорошо́. Но паралле́льно твой университе́т закрыва́ется, потому́ что там живу́т сли́шком "либера́льные" иде́и, в новостя́х не говоря́т пра́вды и лю́ди не мо́гут пойти́ на ми́тинг про́сто так».

Макс шёл по ста́рым коридо́рам университе́та, молоды́е ли́ца, все **боя́лись**. Стра́шно, коне́чно. Они́ разгова́ривали с Ма́ксом: «За́втра мы протесту́ем. Придёшь?», «Ничего́, **держи́сь**, всё хорошо́!», «Ситуа́ция изме́нится!» Макс их не слы́шал. Он **уста́л** от всего́ э́того. Он пое́хал домо́й. Когда́ он пришёл домо́й, он на́чал смотре́ть програ́ммы университе́тов в За́падной Евро́пе. Он реши́л уе́хать и нача́ть учёбу **за грани́цей**. «Невозмо́жно жить там, где нет свобо́ды. И́ли свобо́да есть, но она́ о́чень лимити́рована. Наприме́р, лимити́рована у́лицей Рубинште́йна. Свобо́да – ва́жный компоне́нт, **ингредие́нт о́бщества**, кото́рое хорошо́ функциони́рует. Э́то как карти́на «Та́нец» в Эрмита́же. Е́сли оди́н танцо́р **упадёт** и́ли не танцу́ет, тогда́ вся гармо́ния та́нца **нару́шит-ся**. Ва́жно, что́бы рабо́тало всё», – ду́мал Макс.

Че́рез ме́сяц Макс, три чемода́на, А́ня, Све́та и А́лекс бы́ли в аэропорту́. Самолёт был вече́рний. **За́пах** све́жего ко́фе, мно́го люде́й, чемода́ны, голоса́.

– Э́то не шу́тка. Ты уезжа́ешь, – сказа́ла А́ня.

– Не стра́шно, отве́тил Макс, э́то всего́ три часа́ отсю́да. Сейча́с эмигра́ция – обы́чный акт. Купи́л биле́т, собра́л ве́щи и **улете́л**. Глобализа́ция.

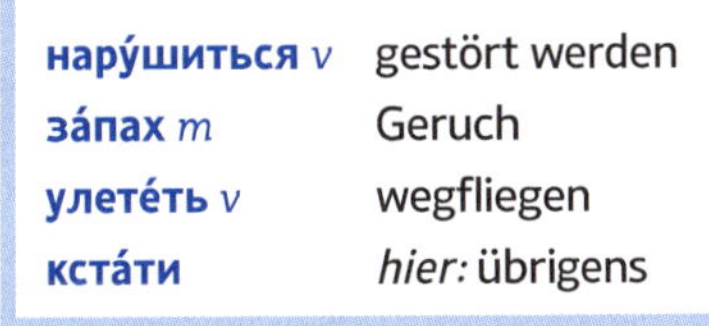

нару́шиться *v*	gestört werden
за́пах *m*	Geruch
улете́ть *v*	wegfliegen
кста́ти	*hier:* übrigens

– Э́то ве́рно...

– **Кста́ти**. Бе́лые но́чи зако́нчились. И мой пери́од здесь то́же.

Шаг за шагом

Мария Айнвехтер

Das Leben der jungen Nina verläuft in festen und geregelten Bahnen. Sie ist der Stolz ihrer Eltern und hat eine glänzende Karriere als Ärztin vor sich. Doch statt Zukunftsfreude füllt Resignation ihre Tage. Ihr einziger Lichtblick sind die Stunden, in denen sie beim Tanzen die Welt um sich herum vergessen kann. Ein Aufenthalt in Spanien stellt sie vor eine Entscheidung: wählt sie den leichten Weg oder wagt sie einen Schritt in Richtung Glück?

Nina ist eine talentierte, aber unsichere junge Ärztin, die in der erfolgsorientierten Welt der Medizin kaum Anschluss findet. Anstatt sich mit Freunden zu treffen, verbringt sie jede freie Minute im Tanzstudio.

Fernando ist ein Tanzlehrer, den Nina während einer Dienstreise in Spanien kennenlernt. Er hat viel für Russland und auch für Nina übrig.

Sergej ist Ninas langjähriger Freund und Tanzpartner. Er steht ihr bei Problemen stets zur Seite.

опя́ть	wieder
наде́яться *uv*	hoffen
де́тство *n*	Kindheit
танцовщи́к/ танцовщи́ца	Tänzer/in
отда́ть *v irr*	geben
свобо́дный	frei

Семь часо́в утра́. За окно́м ещё темно́. Ни́не ну́жно встава́ть, но она́ не хо́чет. Ма́ма открыва́ет дверь в ко́мнату Ни́ны: «Ни́на, встава́й!» – «Да, ма́ма, ещё пять мину́точек[i]», – говори́т Ни́на и закрыва́ет глаза́. «**Опя́ть** на рабо́ту! – ду́мает она́. – Кака́я моното́нная жизнь!» Ни́на встаёт с крова́ти и ме́дленно идёт в ва́нную.

Ни́не 29 лет. Она́ врач-кардио́лог, рабо́тает в большо́й моско́вской кли́нике. Роди́тели Ни́ны – врачи́. Они́ **наде́ялись**, что Ни́на то́же захо́чет рабо́тать врачо́м. Но Ни́на медици́ной никогда́ не интересова́лась, а стери́льную атмосфе́ру кли́ник не люби́ла с **де́тства**.

Im Russischen werden häufig Verkleinerungsformen (Diminutiva) benutzt. Zu erkennen sind sie an den typischen Suffixen, z. B. **-очк/ -ечк (ма́ма – ма́мочка).**

– Я ду́маю, Ни́ночка, дермато́лог – о́чень хоро́шая для тебя́ профе́ссия, – ча́сто говори́ла ма́ма ма́ленькой Ни́не.

– Нет, профе́ссия ортопе́да лу́чше, – говори́л па́па.

Но Ни́на не хоте́ла быть дермато́логом и́ли ортопе́дом. Она́ хоте́ла быть **танцовщи́цей**. Когда́ Ни́не бы́ло пять лет, ма́ма **отдала́** де́вочку в танцева́льную сту́дию. С э́того моме́нта Ни́на полюби́ла та́нцы и всё **свобо́дное** вре́мя отдава́ла э́тому хо́бби. Она́ ча́сто е́здила на танцева́льные турни́ры и всегда́ была́ одно́й из лу́чших.

Де́вушка хоте́ла сде́лать э́то хо́бби свое́й[i] профе́ссией. Но она́ понима́ла, что роди́телям э́то не понра́вится. Ма́ма ча́сто говори́ла: «Ни́ночка, профе́ссия врача́ – э́то о́чень ну́жная и прести́жная профе́ссия».

> Das reflexive Possessivpronomen **свой** (**своя́, своё, свои́**) wird oft anstelle der Possessivpronomina **мой, твой** usw. verwendet. Es kann sich nur auf das Objekt im Satz beziehen und nie auf das Subjekt: Моя́ профе́ссия интере́сная. – Он лю́бит свою́ профе́ссию.

Так Ни́на пошла́ учи́ться в медици́нский институ́т, но учи́лась она́ без интере́са. Всё свобо́дное вре́мя она́ и да́льше отдава́ла та́нцам.

По́сле институ́та Ни́на начала́ рабо́тать в большо́й моско́вской кли́нике. Ка́ждый день она́ говори́ла себе́: «Ты занима́ешься ну́жным де́лом. Ты помога́ешь лю́дям». Но э́та мотива́ция дава́ла ма́ло.

Сего́дня Ни́на опя́ть с плохи́м **настрое́нием собира́ется** на рабо́ту.

настрое́ние *n*	Laune, Stimmung
собира́ться *uv*	*hier:* sich fertig machen
недово́льный	unzufrieden

– Ни́на, у тебя́ **недово́льное** лицо́, – говори́т ма́ма. – Что у тебя́ опя́ть?

– Всё хорошо́, ма́ма. Про́сто не о́чень хочу́ идти́ на рабо́ту, – отвеча́ет Ни́на.

– Я тебя́ не понима́ю, до́чка! У тебя́ хоро́шая профе́ссия, хоро́шие колле́ги. Я ходи́ла на рабо́ту всегда́ с удово́льствием.

– Да, ма́ма. Я ду́маю, я ещё не **привы́кла**.

– А я ду́маю, что **причи́на** не в э́том. Рабо́та в жи́зни, коне́чно, о́чень важна́. Но так же важны́ социа́льные конта́кты. А ты о́чень ма́ло вре́мени **прово́дишь** с друзья́ми и никуда́ не хо́дишь. И молодо́го челове́ка у тебя́ нет.

– Ма́мочка, но у меня́ на э́то нет вре́мени.

– У тебя́ нет вре́мени, потому́ что всё свобо́дное вре́мя ты на та́нцах!

Ни́на ничего́ не отве́тила. Она́ поду́мала, что ма́ма **права́** – у неё ма́ло друзе́й: то́лько Серге́й – партнёр Ни́ны по та́нцам – и Ка́тя – подру́га по шко́ле. И причи́на не то́лько в том, что у Ни́ны нет свобо́дного вре́мени. «Со мной про́сто никто́ не хо́чет проводи́ть вре́мя. Мо́жет быть, я нико́му не интере́сна? Всегда́ с плохи́м настрое́нием, всегда́ в стре́ссе...» – ду́мала Ни́на.

привы́кнуть *v*	sich an etw. gewöhnen
причи́на *f*	Grund
проводи́ть *uv*	verbringen
прав	Recht haben
сле́дующий	nächster

– Ни́на, не забу́дь ша́пку! На у́лице ми́нус де́сять. Ве́чером снег пойдёт, – говори́т Ни́не ма́ма.

– Ма́мочка, я уже́ не ма́ленькая, – отвеча́ет Ни́на и берёт ша́пку.

Когда́ Ни́на е́хала в метро́ на рабо́ту, она́ ду́мала о том, что сего́дня пя́тница и ско́ро выходны́е. Э́то зна́чит, что она́ смо́жет два дня занима́ться та́нцами. В **сле́дующем** ме́сяце – интернациона́льный танцева́льный турни́р в Санкт-Петербу́рге. Вме́сте с Серге́ем они́ хоте́ли пое́хать туда́. Ни́на улыбну́лась и по доро́ге от метро́ к кли́нике ду́мала то́лько о та́нцах и о турни́ре.

Упражне́ние 1: Поря́док букв. Bringen Sie die Buchstaben in die richtige Reihenfolge!

1. фспесияро ______________________

2. идроиелт ______________________

3. тититунс ______________________

4. оабтар ______________________

5. оенарниетс ______________________

– Здра́вствуйте, Ни́на. Я вас ещё никогда́ не ви́дела с улы́бкой на лице́, – сказа́ла О́льга Но́викова, колле́га Ни́ны. – У вас сего́дня хоро́шее настрое́ние?
– Да, – отве́тила Ни́на, – ско́ро выходны́е...
– А я не о́чень люблю́ выходны́е. О́чень ску́чно! Всё **одно́ и то́ же**: с друзья́ми и́ли в кино́ хо́дишь, и́ли в клу́бы. Совсе́м друго́е де́ло на рабо́те: ка́ждый день помога́ешь лю́дям, де́лаешь что́-то ну́жное. Я с де́тства **мечта́ла** быть врачо́м!

одно́ и то́ же	das Gleiche
мечта́ть *uv*	träumen
бу́дущий	*hier:* werdender
ра́дость *f*	Freude

– Да, – отве́тила Ни́на. – А я хоте́ла быть тре́нером по та́нцам.
– Так почему́ же Вы рабо́таете тепе́рь в кли́нике? – спроси́ла О́льга.
Ни́на посмотре́ла на О́льгу и ничего́ не сказа́ла. Весь день де́вушка ду́мала о слова́х О́льги. О́льга с

энтузиа́змом говори́ла о свое́й рабо́те. Ни́на ча́сто слы́шала э́тот энтузиа́зм в слова́х ма́мы и́ли отца́, когда́ они́ говори́ли о профе́ссии врача́. Но сама́ Ни́на не могла́ так говори́ть о свое́й рабо́те.
Вот и сего́дня она́, как всегда́, рабо́тала без удово́льствия. В э́тот день бы́ло мно́го сло́жных пацие́нтов: профессиона́льный спортсме́н, немолодо́й ме́неджер, **бу́дущая** ма́ма... Им нужна́ была́ по́мощь Ни́ны, и она́ всем помога́ла. Но де́лала она́ э́то без **ра́дости**.

Упражне́ние 2: Пра́вильно и́ли непра́вильно?
Welcher Satz ist korrekt? Kreuzen Sie an!

1. ❒ **a)** Я тебе́ не понима́ю.
   ❒ **b)** Я тебя́ не понима́ю.
2. ❒ **a)** Ты ма́ло вре́мени прово́дишь с друзья́ми.
   ❒ **b)** Ты ма́ло вре́мени прово́дишь к друзья́м.
3. ❒ **a)** Ни́на шла в метро́ на рабо́ту.
   ❒ **b)** Ни́на е́хала в метро́ на рабо́ту.
4. ❒ **a)** Я не о́чень люблю́ выходны́е.
   ❒ **b)** Я не о́чень полюблю́ выходны́е.
5. ❒ **a)** Ка́ждый день помога́ешь лю́ди.
   ❒ **b)** Ка́ждый день помога́ешь лю́дям.

После работы Нина должна была идти к Ирине Викторовне – директору клиники. Нина не очень хотела идти, потому что думала, что сделала какую-то[i] ошибку на работе. Но когда Нина вошла к Ирине Викторовне, Ирина Викторовна улыбалась.

командировка *f*	Dienstreise
поздравлять *uv*	gratulieren
глупость *f*	Unsinn
ставить *uv*	stellen
никакой	keinerlei
вдали	weit
подводить *uv*	im Stich lassen
ϟ **круто**	cool

– Здравствуйте, Нина!

– Здравствуйте, Ирина Викторовна!

– Нина, у меня для вас хорошие новости. В следующем месяце вы поедете в **командировку**. Вы знаете, что у нашей клиники уже несколько лет кооперация с клиникой в Мадриде. А в этом году мы организовали программу для молодых специалистов. Так вот, вы поедете на два месяца в Испанию. **Поздравляю**!

– Ирина Викторовна, но я не могу поехать!

– Почему не можете? Это большой шанс для вас!

– У меня в следующем месяце танцевальный турнир в Санкт-Петербурге.

> Wird die Partikel "–то" an ein Fragepronomen angefügt, hat sie die Bedeutung „irgend-".

– Какие **глупости**! Вы должны думать о вашей карьере в медицине! А вы на первое место **ставите** какое-то хобби. Это непрофессионально.

– Но, Ирина Викторовна...

– **Никаки́х** «но». Вы и испа́нский в шко́ле учи́ли, и специали́ст хоро́ший...
Ни́на поняла́, что разгово́р зако́нчен. Когда́ ве́чером она́ е́хала домо́й, она́ ду́мала о том, что Ири́на Ви́кторовна сказа́ла, что та́нцы – э́то «глу́пости». «Мо́жет быть, она́ и права́», – поду́мала Ни́на.

Упражне́ние 3: Оши́бки. Lesen Sie weiter und korrigieren Sie die vier Fehler im folgenden Absatz!

Вре́мя до командиро́вки прошло́ о́чень <u>бы́стра</u>: Ни́на повторя́ла испа́нский и мно́го чита́л о Мадри́де. Е́хать Ни́на не о́чень хоте́ла. Она́ никогда́ не был так до́лго **вдали́** от до́ма: без роди́телей, без Серге́я и Ка́ти и без та́нцев. И ещё она́ не хоте́ла **подводи́ть** Серге́я, потому́ что они́ не пое́дут на ва́жный турни́р. Но Серге́й говори́ла:

1. быстро ________ 2. ________

3. ________ 4. ________

«Ни́на, в бу́дущем ещё мно́го други́х турни́ров. А пое́хать в командиро́вку в Мадри́д – э́то так **кру́то**!» Ка́тя то́же о́чень ра́довалась за Ни́ну. Она́ тепе́рь всё вре́мя говори́ла то́лько об Испа́нии.

зави́довать *uv*	beneiden
скуча́ть по *uv*	jdn./etw. vermissen
ведь	doch

– Ни́на, я так тебе́ **зави́дую**! В Москве́ ещё снег лежи́т, а там уже́ весна́!

Но Ка́тя оши́блась: в Мадри́де бы́ло то́же хо́лодно. Не так хо́лодно, как в Москве́, коне́чно, но ещё не весна́.

Го́род и кли́ника Ни́не о́чень понра́вились. А то, что она́ говори́ла по-испа́нски, помогло́ де́вушке найти́ конта́кт с колле́гами и пацие́нтами. То́лько вечера́ми, по́сле рабо́ты, Ни́не хоте́лось домо́й, в Москву́.

На второ́й неде́ле в Мадри́де испа́нская колле́га А́нна спроси́ла Ни́ну:

– Ни́на, скажи́, ты всё вре́мя о́чень гру́стная. Тебе́ не нра́вится у нас?

– Нет, А́нна, что́ ты! Мне о́чень здесь нра́вится. Но я немно́го **скуча́ю по** до́му. У нас, у ру́сских, говоря́т: «В гостя́х хорошо́, а до́ма лу́чше».

– В Испа́нии то́же так говоря́т. Но **ведь** ты то́лько неде́лю здесь и уже́ хо́чешь домо́й?

– Понима́ешь, А́нна, я никогда́ не была́ так до́лго вдали́ от до́ма. В Москве́ у меня́ всё, что я люблю́: роди́тели, друзья́, моё хо́бби.

– А како́е у тебя́ хо́бби?

– Я с де́тства занима́юсь та́нцами.

– Я то́же о́чень люблю́ танцева́ть, бо́льше всего́ мне нра́вится стиль «ди́ско». Но я не о́чень хорошо́ танцу́ю. А ты, наве́рное, профессиона́л.

– Да, мо́жно сказа́ть, что профессиона́л...

– Слу́шай, Ни́на, у меня́ есть иде́я. Приходи́ за́втра ко мне в го́сти. В моём до́ме живёт оди́н па́рень, он тре́нер в сту́дии испа́нского та́нца. Я тебя́ с ним познако́млю! Я ду́маю, он тебе́ понра́вится. Он да́же немно́го говори́т по-ру́сски. Мо́жет быть, э́то помо́жет тебе́ не скуча́ть.

Ска́зано – сде́лано. На сле́дующий ве́чер Ни́на шла в го́сти к А́нне. Она́ хоте́ла купи́ть А́нне буты́лку вина́. В суперма́ркете в це́нтре Мадри́да Ни́на до́лго выбира́ла, како́е вино́ купи́ть. Э́то бы́ло непро́сто – сто́лько ра́зных вин Ни́на в Москве́ никогда́ не ви́дела. Когда́ де́вушка, наконе́ц, вы́брала вино́, она́ посмотре́ла на часы́ – была́ уже́ полови́на девя́того. А́нна **пригласи́ла** её на во́семь. Ни́на бы́стро пошла́ к ка́ссе. Но пе́ред ка́ссой де́вушку **обогна́л** како́й-то молодо́й челове́к. Он с улы́бкой сказа́л: «Извини́те, я о́чень **спешу́**». «Я то́же», – недово́льно поду́мала Ни́на, но ничего́ не сказа́ла.

ска́зано – сде́лано	gesagt – getan
пригласи́ть *v*	einladen
обогна́ть *v irr*	überholen
спеши́ть *uv*	eilen, es eilig haben
проходи́ть *uv*	*hier:* hereinkommen

Пото́м Ни́на до́лго не могла́ найти́ дом А́нны. Когда́, наконе́ц, она́ его́ нашла́, часы́ пока́зывали де́вять.

– А́нна, дорога́я, пожа́луйста, извини́ меня́. Я не могла́ найти́ твой дом, – сказа́ла Ни́на, когда́ А́нна откры́ла дверь.

– Ничего́, Ни́на. **Проходи́**!

Ни́на вошла́ в ма́ленькую ко́мнату А́нны. На сту́ле у окна́ сиде́л молодо́й челове́к из суперма́ркета. Он встал, когда́ уви́дел Ни́ну.

– Э́то Ни́на, моя́ колле́га из Росси́и, – сказа́ла А́нна.

общáться *uv*	Umgang pflegen
зайтú *v irr*	vorbeikommen
вéжливость *f*	Höflichkeit
бульвáр *m*	Boulevard
прáвда	wirklich

– А э́то Фернáндо, учúтель фламéнко. Нúна, я тебé о нём вчерá расскáзывала.
– А мы, мóжно сказáть, ужé знакóмы, – сказáл Фернáндо по-рýсски с лёгким акцéнтом и улыбнýлся.
– Нúна. Óчень прия́тно, – сказáла Нúна, но онá былá не óчень рáда. Молодóй человéк не понрáвился дéвушке ещё в супермáркете, и **общáться** с ним онá не хотéла. Онá былá рáда, что почтú весь вéчер говорúла Áнна. Онá рассказывала о рабóте в клúнике и спрáшивала Нúну о медицúне в Россúи. Фернáндо говорúл мáло и чáсто смотрéл на Нúну.
– Ну вот, опя́ть весь вéчер говорúла я, – сказáла Áнна, когдá Нúна началá собирáться домóй, – а ведь я хотéла, чтóбы ты познакóмилась с Фернáндо.
– Ничегó, мы ещё познакóмимся, – сказáл Фернáндо. – Нúна, приходú пóсле рабóты в мою́ стýдию. Онá недалекó от клúники.
– Спасúбо большóе, я **зайдý**, – сказáла Нúна из **вéжливости** – идтú онá не планúровала.
Но весь слéдующий день на рабóте онá чáсто дýмала о вчерáшнем вéчере: о Фернáндо, егó лёгком акцéнте, когдá он говорúл по-рýсски, и о тáнцах...
И вот вéчером пóсле рабóты Нúна шла по большóму **бульвáру** к стýдии Фернáндо. Онá **прáвда** былá недалекó от клúники. В стáром дóме, на пéрвом этажé. Дверь в стýдию былá открыта, и Нúна вошлá.

Упражне́ние 4: Вопро́сы. Fragen Sie jeweils nach dem unterstrichenen Satzteil!

1. У меня́ есть <u>иде́я</u>.

____?

2. Она́ хоте́ла купи́ть <u>А́нне</u> вина́.

____?

3. Ни́на <u>бы́стро</u> пошла́ к ка́ссе.

____?

4. Ни́на вошла́ <u>в ма́ленькую ко́мнату А́нны.</u>

____?

5. Я тебе́ о нём <u>вчера́</u> расска́зывала.

____?

В за́ле с больши́ми о́кнами танцева́ли три па́ры. Ферна́ндо стоя́л в це́нтре и **сра́зу** уви́дел Ни́ну:
– Как я рад, что ты пришла́! Проходи́! Дава́й, я тебя́ познако́млю! Э́то Ке́лли и Сти́вен – они́ из Аме́рики, э́то Са́ндра и Ми́хаэль из Герма́нии, а э́то Джо́рдж и Кэ́ти из А́нглии, – предста́вил Ферна́ндо свои́х ученико́в. – А э́то на́ша но́вая учени́ца из Росси́и – Ни́на.
– Я пришла́ то́лько посмотре́ть… – начала́ Ни́на, но Ферна́ндо взял её за́ руку и пошёл с ней в центр за́ла.

сра́зу	sofort

С э́того ве́чера Ни́на ка́ждый день по́сле рабо́ты приходи́ла в сту́дию Ферна́ндо. Она́ бы́стро научи́лась фламе́нко. Ферна́ндо был хоро́шим учи́телем. На рабо́те она́ ка́ждый день ждала́ ве́чера, **что́бы** потанцева́ть… и уви́деть Ферна́ндо.

что́бы	um … zu
провожа́ть *uv*	begleiten
экономи́ческий кри́зис *m*	Wirtschaftskrise
уво́лить *v*	entlassen, kündigen

По́сле та́нцев Ферна́ндо **провожа́л** Ни́ну домо́й. Они́ мно́го говори́ли по-ру́сски. Ферна́ндо о́чень хоте́л лу́чше вы́учить язы́к. У него́ бы́ли ученики́ из Росси́и, и поэ́тому он на́чал изуча́ть ру́сский.

Он мно́го спра́шивал Ни́ну о жи́зни в Росси́и.

– Ни́на, скажи́ [i], а пра́вда, что ру́сские ма́ло улыба́ются?

– Да, Ферна́ндо. У нас не улыба́ются из ве́жливости. Ру́сские не лю́бят форма́льных улы́бок.

– А пра́вда, что зимо́й у вас ми́нус три́дцать?

– Да, пра́вда…

С Ферна́ндо она́ мно́го говори́ла та́кже и о рабо́те. Он рассказа́л Ни́не, что рабо́тал в ба́нке, но не о́чень люби́л э́ту профе́ссию. В пери́од **экономи́ческого кри́зиса** его́ **уво́лили**. Но Ферна́ндо смотре́л на э́то так: «Кри́зис дал

> Die Bildung des Imperativs hängt von der Endung des Verbs im Präsensstamm ab.
> 1. Das Verb lautet auf einen Vokal aus: **й (чита́-ть/чита́й)**
> 2. Das Verb lautet auf einen Konsonanten aus
>   a) und das Verb endet in der 1. Person Singular auf einer betonten Silbe: **и (говорю́/говори́)**
>   b) und das Verb endet in der 1. Person Singular auf einer unbetonten Silbe: **ь (отве́чу/отве́ть)**

мне шанс заня́ться де́лом, кото́рое мне нра́вится». Ни́на мно́го ду́мала над слова́ми Ферна́ндо – «Мо́жет быть, профе́ссия врача́ не "моя́" профе́ссия".

– У ка́ждого челове́ка есть **пра́во** на оши́бку, – говори́л Ферна́ндо Ни́не. – Но э́то не зна́чит, что с э́той оши́бкой ну́жно жить...

пра́во *n*	Recht
проща́ться *uv*	sich verabschieden
приня́ть *v* **реше́ние** *n*	eine Entscheidung treffen

Так прошли́ два ме́сяца в Испа́нии. За э́то вре́мя Ни́на о́чень привы́кла к Мадри́ду, к но́вым друзья́м – А́нне и Ферна́ндо – и научи́лась танцева́ть фламе́нко. А ещё она́ о́чень мно́го ду́мала: о рабо́те и о жи́зни... Провожа́ть Ни́ну в аэропо́рт прие́хали А́нна и Ферна́ндо. Когда́ Ни́на **проща́лась** с но́выми друзья́ми, де́вушке бы́ло о́чень гру́стно. Она́ поду́мала о том, как она́ не хоте́ла е́хать в Мадри́д. Тогда́ она́ не зна́ла, что э́та командиро́вка изме́нит её жизнь...

По доро́ге домо́й, в Москву́, Ни́на ещё раз всё обду́мала и **приняла́ реше́ние**...

Прошли́ две неде́ли. О пла́нах Ни́ны зна́ли то́лько три челове́ка – Ка́тя, Серге́й и Ферна́ндо. Роди́телям Ни́на ничего́ не говори́ла. Она́ ду́мала, что её пла́ны роди́телям не понра́вятся.

– Ни́ночка, встава́й, – ма́ма, как всегда́, открыва́ет дверь в ко́мнату Ни́ны.

– Ма́ма, я не иду́ сего́дня на рабо́ту.

– Ни́на, ты себя́ пло́хо чу́вствуешь?

– Нет, ма́ма, я о́чень хорошо́ себя́ чу́вствую. Я про́сто уво́лилась с рабо́ты.

Упражне́ние 5: Местоиме́ния. Ersetzen Sie die unterstrichenen Wörter durch die entsprechenden Personalpronomen!

1. Ферна́ндо сра́зу уви́дел Ни́ну.

____.

2. Ферна́ндо предста́вил ученико́в.

____.

3. Он пошёл с Ни́ной в центр за́ла.

____.

4. У Ферна́ндо бы́ли ученики́ из Росси́и.

____.

5. Он расска́зывал Ни́не о рабо́те.

____.

– Каки́е глу́пости ты говори́шь! Э́того не мо́жет быть!
– Мо́жет! Нельзя́ **тра́тить** вре́мя на что́-то, что тебе́ не нра́вится...
Так начала́сь для Ни́ны но́вая жизнь. Тепе́рь она́ дава́ла уро́ки класси́ческих та́нцев в сту́дии, где она́ занима́лась с Серге́ем. Оди́н раз в неде́лю Ни́на приходи́ла в танцева́льный зал **в ка́честве** тре́нера. Э́та роль де́вушке о́чень нра́вилась. Она́ чу́вствовала себя́ на своём ме́сте. То́лько рабо́тать оди́н раз в неде́лю – э́то

тра́тить *uv*	*hier:* vergeuden
в ка́честве	als (in der Position als)

о́чень ма́ло. Поэ́тому Ни́на реши́ла спроси́ть дире́ктора сту́дии Поли́ну:
– Поли́на, я хочу́ бо́льше рабо́тать. Вы мо́жете мне помо́чь?
– Нет, Ни́на, не могу́. Моя́ сту́дия о́чень ма́ленькая, и ученико́в ма́ло. Но я зна́ю, вы о́чень хоро́ший тре́нер. Вам ну́жно рабо́тать в большо́й сту́дии! – сказа́ла Поли́на.

мотиви́ровать *uv*	motivieren
гла́вное	Hauptsache

Ни́на реши́ла попро́бовать. Она́ звони́ла в больши́е сту́дии. Но во всех сту́диях де́вушке говори́ли, что рабо́ты нет.
– Ка́тя, прошёл уже́ ме́сяц, а я ничего́ не нашла́, – говори́ла Ни́на подру́ге.
– Ме́сяц – э́то немно́го. Я то́же о́чень до́лго не могла́ найти́ рабо́ту. Нача́ло – э́то всегда́ нелегко́.
– Спаси́бо, что ты меня́ **мотиви́руешь**! С роди́телями об э́том я говори́ть не могу́. Они́ ду́мают, что я опя́ть должна́ рабо́тать в кли́нике. Но я э́того не хочу́! То́лько сейча́с я поняла́, как я не люби́ла э́ту рабо́ту. Тепе́рь я друго́й челове́к.
– Я э́то ви́жу: ты всё вре́мя улыба́ешься!
Серге́й то́же мотиви́ровал Ни́ну. Но бо́льше всего́ Ни́не помога́л Ферна́ндо. Ка́ждое воскресе́нье они́ говори́ли по телефо́ну.
– Ферна́ндо, я ду́мала, что сра́зу найду́ рабо́ту, – говори́ла Ни́на.
– Нача́ло – э́то всегда́ нелегко́, – говори́л Ферна́ндо.
– **Гла́вное**, что тебе́ нра́вится де́ло, кото́рым ты занима́ешься.

– Да, о́чень нра́вится. Я зна́ю, я приняла́ пра́вильное реше́ние!

Ферна́ндо рассказа́л Ни́не, что внача́ле он рабо́тал в не́скольких сту́диях. Он **посове́товал** Ни́не то́же дава́ть уро́ки в ра́зных танцева́льных шко́лах – в ка́ждой шко́ле не́сколько часо́в.

посове́товать *v*	jdm. etwas raten
получа́ть *uv*	bekommen
неда́вно	vor Kurzem
объявле́ние *n*	*hier:* Anzeige, Annonce
электро́нная по́чта *f*	E-Mail
узна́ть	erfahren

Ни́на так и сде́лала. Тепе́рь она́ рабо́тала бо́льше. Ка́ждый день она́ е́здила в ра́зные сту́дии. Э́то бы́ло нелегко́: Ни́на тра́тила мно́го эне́ргии и вре́мени. Но де́нег **получа́ла** ма́ло. Она́ ду́мала, что опя́ть пойдёт рабо́тать в кли́нику. Но, к сча́стью, у подру́ги Ка́ти была́ хоро́шая иде́я.

– Ни́на, а почему́ ты даёшь то́лько уро́ки класси́ческого та́нца? Дава́й уро́ки фламе́нко! Я вчера́ посмотре́ла в Интерне́те: в Москве́ нет сту́дий фламе́нко.

– Ка́тя, я не зна́ю. Ведь фламе́нко я научи́лась танцева́ть **неда́вно**. Я ду́маю, что я не смогу́… А ты ду́маешь, что лю́ди заинтересу́ются?

– Ты мо́жешь попро́бовать. Лю́ди лю́бят всё но́вое.

На сле́дующий день Ни́на дала́ **объявле́ние** в Интерне́те. Ве́чером она́ пришла́ домо́й и откры́ла **электро́нную по́чту**: там бы́ло 50 мэ́йлов! Для Ни́ны э́то был большо́й сюрпри́з. Но и больша́я пробле́ма! Где тренирова́ть ученико́в? Она́ реши́ла спроси́ть дире́ктора сту́дии Поли́ну:

– Поли́на, я хочу́ дава́ть уро́ки фламе́нко. Мо́жно э́то де́лать в Ва́шей сту́дии?
– Да, Ни́на, но то́лько по́сле восьми́ часо́в ве́чера. И то́лько на выходны́х.
– Но, Поли́на, э́то о́чень по́здно.
– Ни́на, в друго́е вре́мя свобо́дных за́лов нет.
Вы́бора у Ни́ны не́ было, и она́ сказа́ла «да».
Ка́ждые суббо́ту и воскресе́нье с восьми́ до десяти́ часо́в ве́чера Ни́на дава́ла уро́ки фламе́нко. Ученико́в у Ни́ны бы́ло о́чень мно́го. Они́ расска́зывали о но́вой шко́ле друзья́м. И ско́ро у Ни́ны бы́ло бо́льше ученико́в, чем вре́мени.

Упражне́ние 6: Мно́жественное число́. Bilden Sie die richtige Pluralform!

1. ме́сяц ______________________

2. друг ______________________

3. командиро́вка ______________________

4. сту́дия ______________________

5. телефо́н ______________________

На уро́ки к Ни́не ходи́ли Та́ня и Алекса́ндр. Они́ с де́тства занима́лись класси́ческими та́нцами и давно́ интересова́лись фламе́нко. Они́ **узна́ли**, что в Москве́ есть шко́ла фламе́нко, и сра́зу написа́ли Ни́не. Тепе́рь Та́ня и Алекса́ндр ка́ждые выходны́е тренирова́лись у Ни́ны.

В суббóту Тáня и Алексáндр пришли́ на урóк рáньше.
– Ни́на Алексáндровна, мóжно с Вáми поговори́ть? – спроси́л Алексáндр.
– Да, конéчно...
– Тáня и я реши́ли поéхать на турни́р по фламéнко в Испáнию. Мы прочитáли в Интернéте, что в áвгусте в Барселóне интернационáльный турни́р. Мы хотéли спроси́ть Вас, смóжете ли Вы нам помóчь?

подготóвить *v*	vorbereiten
получи́ться *v*	gelingen
оставáться *uv*	bleiben

– Но, Алексáндр, сейчáс ию́ль. Врéмени óчень мáло! Для турни́ра нýжно **подготóвить** тáнец. А я никогдá э́того не дéлала.
– Мóжно ведь попрóбовать. Éсли не **полýчится**, мы попрóбуем в слéдующем годý.
Ни́на подýмала, что Алексáндр прав: нýжно попрóбовать. Ведь онá с дéтства мечтáла занимáться хореогрáфией тáнцев.
– Хорошó, – сказáла онá. – Я вам помогý.
Тепéрь кáждую свобóдную минýту Ни́на рабóтала над тáнцем. Тáня и Алексáндр интенси́вно тренировáлись. Врéмя шло óчень бы́стро. До турни́ра **оставáлись** ещё две недéли.
Сейчáс Ни́на мáло общáлась с Ферáндо. Онá говори́ла, что нет врéмени. Но былá и другáя причи́на. Ни́на не хотéла расскáзывать испáнцу, что даёт урóки фламéнко. Онá дýмала, что Ферáндо реши́т, что онá не профессионáл, ведь онá учи́лась фламéнко тóлько два мéсяца.
В воскресéнье позвони́л Ферáндо и сказáл Ни́не, что на слéдующей недéле он поéдет с ученикáми

на ва́жный турни́р в Барсело́ну. Ни́на **пожела́ла** ему́ успе́ха. Она́ не сказа́ла Ферна́ндо, что в Барсело́ну поéдут и её ученики́.

пожела́ть *v*	wünschen
не́рвничать *uv*	sich aufregen, aufgeregt sein
приз *m* **зри́тельских симпа́тий** *f/pl*	Publikumspreis

В день турни́ра Ни́на о́чень **не́рвничала**. Она́ дава́ла Та́не и Алекса́ндру по телефо́ну после́дние сове́ты. Ве́чером она́ пришла́ домо́й и ждала́ новосте́й. В де́сять часо́в зазвони́л телефо́н. Э́то была́ Та́ня:

– Ни́на Алекса́ндровна, у нас восемна́дцатое ме́сто.

– Восемна́дцатое?!

– Да, на турни́ре бы́ло два́дцать мест.

– О́чень жаль, – гру́стно сказа́ла Ни́на. Я пло́хо вас подгото́вила.

– Нет, Ни́на Алекса́ндровна, Вы о́чень хорошо́ нас подгото́вили! Ведь мы то́лько не́сколько ме́сяцев занима́емся флaméнко. А на турни́ре бы́ли па́ры, кото́рые уже́ мно́го лет танцу́ют. Одна́ молода́я па́ра из Мадри́да уже́ де́сять лет занима́ется то́лько флaméнко! Их тре́нер спра́шивал, кто наш учи́тель.

– Та́ня, но результа́т у вас не о́чень хоро́ший.

– Хоро́ший, Ни́на Алекса́ндровна[i]: мы получи́ли **приз зри́тельских симпа́тий**!

Russische Namen bestehen aus drei Teilen: Vorname **(и́мя)**, Vatersname **(о́тчество)** und Nachname **(фами́лия)**. Als höfliche Anrede bei Menschen, die man nicht gut kennt, bei älteren Personen oder Vorgesetzten benutzt man den Vornamen und den Vatersnamen.

Ни́на не зна́ла, что сказа́ть. Она́ была́ сча́стлива.

Упражне́ние 7: Запо́лните. Lesen Sie weiter und setzen Sie die korrekte Verbform ein!

Телефо́н 1. звони́ть ____________ ещё раз. Э́то Ферна́ндо:

– Ни́на, я так рад за тебя́! Поздравля́ю! О́чень хоро́ший результа́т. Та́нец у твои́х ученико́в был о́чень интере́сный. Когда́ я 2. узна́ть ____________, что молоды́е лю́ди из Москвы́, я познако́мился с ни́ми. Они́ 3. сказа́ть ____________, что их тре́нера 4. звать ____________ Ни́на, и я сра́зу всё по́нял. То́лько почему́ ты мне ничего́ не говори́ла?!

На сле́дующий день ве́чером Ни́на пришла́ домо́й по́сле рабо́ты. Ма́ма откры́ла дверь, у неё была́ газе́та в рука́х:
– Ни́ночка, дорога́я, посмотри́! В газе́те написа́ли, что твои́ ученики́ танцева́ли на интернациона́льном турни́ре по фламе́нко. О́ни о́чень понра́вились пу́блике. Почему́ ты нам ничего́ не расска́зывала?
– Ма́ма, ты всегда́ говори́ла, что та́нцы – э́то глу́по-

сти. Ты хо́чешь, что́бы я опя́ть рабо́тала врачо́м.
– Нет, Ни́ночка, не хочу́. Тепе́рь я поняла́, что ты профессиона́л. Ты лю́бишь та́нцы так же, как я люблю́ свою́ профе́ссию. Поэ́тому у тебя́ всё и получи́лось. Твои ученики́ – пе́рвая па́ра из Росси́и, кото́рая танцева́ла на турни́ре по фламе́нко. Э́то большо́й успе́х!

со́бственный	eigener
серьёзный	ernst
риэ́лтор *m*	Immobilienmakler

Турни́р о́чень измени́л жизнь Ни́ны. Ка́ждый день звони́л телефо́н. Лю́ди писа́ли пи́сьма. И Ни́на реши́ла сде́лать сле́дующий шаг – откры́ть **со́бственную** сту́дию. Но для трениро́вок у Ни́ны не́ было за́ла. Ка́ждый день она́ чита́ла объявле́ния в газе́тах. Но найти́ зал не могла́.
Ве́чером за у́жином па́па спроси́л:
– Ни́на, почему́ ты гру́стная?
– Па́па, я хочу́ откры́ть танцева́льную сту́дию. Но я не могу́ найти́ зал.
– А почему́ ты не про́сишь ма́му и меня́ помо́чь тебе́?
– Я ду́мала, что вам э́то не понра́вится. Со́бственная танцева́льная шко́ла – э́то **серьёзное** де́ло. А для вас та́нцы – э́то то́лько хо́бби.
– Ни́ночка, тепе́рь э́то друго́е де́ло. О тебе́ в газе́тах пи́шут, что ты «пе́рвый росси́йский хорео́граф фламе́нко». Э́то тепе́рь не хо́бби. Э́то профе́ссия!
Ни́на улыбну́лась. Она́ была́ сча́стлива. Роди́тели по́няли, что та́нцы – э́то её жизнь.
Па́па и пра́вда смог помо́чь Ни́не. Его́ пацие́нт – **риэ́лтор** Ива́н Петро́вич До́мов – сра́зу нашёл идеа́ль-

ный зал в це́нтре Москвы́. Зал был в краси́вом но́вом до́ме. Сту́дия Ни́не сра́зу понра́вилась, но она́ была́ о́чень дорога́я. Ве́чером Ни́на рассказа́ла о сту́дии па́пе, он сказа́л:

– Ни́на, е́сли нужны́ де́ньги, мы помо́жем.

На сле́дующий день Ни́на **подписа́ла** контра́кт на но́вый зал. Тепе́рь она́ дава́ла уро́ки фламе́нко в со́бственной сту́дии. Она́ о́чень мно́го рабо́тала. Но тепе́рь рабо́та была́ ра́достью для де́вушки.

подписа́ть *v irr*	unterschreiben
реши́ться *v*	*hier:* sich trauen
вы́ключить *v*	ausmachen

В воскресе́нье Ни́на, как всегда́, собира́ется на рабо́ту. Ма́ма провожа́ет дочь до двери́ и говори́т:

– Ни́ночка, э́то, коне́чно, о́чень хорошо́, что ты с ра́достью хо́дишь на рабо́ту. Но у тебя́ нет выходны́х. Тебе́ ну́жно обща́ться с друзья́ми, ходи́ть в кино́… Я ду́маю, тебе́ ну́жен ещё оди́н тре́нер.

– Да, ма́ма, ты права́. Я дам объявле́ние в газе́ту…

Тепе́рь Ни́на опя́ть ча́сто говори́ла по телефо́ну с Ферна́ндо и расска́зывала о рабо́те. Он ра́довался вме́сте с ней. Они́ ча́сто говори́ли о вре́мени, когда́ Ни́на была́ в Мадри́де.

– Ферна́ндо, а зна́ешь, ты мне внача́ле не понра́вился. По́мнишь, тогда́ в суперма́ркете.

– А ты мне сра́зу понра́вилась. Я уви́дел тебя́ ещё на у́лице и пошёл за тобо́й в суперма́ркет. Я хоте́л познако́миться с тобо́й, но не **реши́лся**.

– Я не ду́мала, что испа́нцы нереши́тельные.

– Де́ло не в э́том. Я не хо́тел сде́лать оши́бку…

– Ферна́ндо, я о́чень хочу́ опя́ть уви́деть тебя́!

– Ни́на, я то́же о́чень хочу́ тебя́ уви́деть. Но сейча́с в Мадри́де мно́го рабо́ты.
– Да, я понима́ю. И у меня́ мно́го рабо́ты. Со́бственная сту́дия зна́чит, что нет свобо́дного вре́мени!
– Да, э́то пра́вда. Но я найду́ реше́ние, Ни́на!

Упражне́ние 8: Словопа́д. Vervollständigen Sie den „Wasserfall"!

Т	У	Р	Н	И	Р
Е	Ж	А			А
			В	Т	
	Н	О			
Ф			С	Р	С
		А			
			Ь	Е	Ь
				Т	

Пришла́ зима́. Ка́ждое у́тро Ни́на ра́но встава́ла и с хоро́шим настрое́нием уходи́ла на рабо́ту. Она́ о́чень люби́ла моме́нт, когда́ она́ открыва́ла две́ри свое́й сту́дии. Ни́на ча́сто ду́мала, что она́ сча́стлива. Почти́ сча́стлива…
По́здно ве́чером по́сле рабо́ты Ни́на собира́лась домо́й. Она́, как всегда, **вы́ключила** свет и вы́шла в

коридóр. У двéри в коридóре стоя́л какóй-то человéк. В **полумра́ке** Ни́на не уви́дела егó лица́.

– Дóбрый вéчер, коллéга! Вам **случа́йно** не нýжен трéнер по фламéнко? – услы́шала Ни́на знакóмый испáнский акцéнт.

полумра́к *m*	Halbdunkel
случа́йно	zufällig

Ни́на улыбнýлась и подýмала: «Вот тепéрь я счáстлива».

Письма и русский мороз

Татьяна Рочко

Unter den morschen Dielen eines verlassenen Hauses verbergen sich ein Tagebuch und längst vergessene Briefe. Ein engagierter Journalist rettet sie vor dem Feuer, mit dem sich die frierenden Hausbesetzer vor dem russischen Frost zu retten versuchen. Die Spur der tragischen Liebesgeschichte, die darin erzählt wird, führt den Protagonisten bis in die Stalin-Ära und anschließend zurück in die Gegenwart, in der jemand schon lange auf Nachricht wartet.

Nikita ist ein Journalist mit Herz, den das schwere Schicksal seiner Mitmenschen nicht kalt lässt. Aus diesem Grund berührt ihn auch die Liebe derjenigen, die schon lange nicht mehr unter uns weilen.

Ada Georgiewna ist Kuratorin im Märchenmuseum in Moskau. Der Zufall führt sie und Nikita zusammen, mit unerwartetem Ergebnis.

Marina ist Nikitas Frau, die ihm bei seiner Suche zur Seite steht.

– У кого́ есть иде́и для но́вого но́мера журна́ла? – спра́шивает **гла́вный реда́ктор** журна́ла «Го́род». – Каки́е те́мы мы мо́жем плани́ровать?
Реда́ктор смо́трит на журнали́стов, кото́рые сидя́т за кру́глым столо́м в ко́мнате для **совеща́ний.** На у́лице я́ркое со́лнце. Но о́чень хо́лодно. Температу́ра сего́дня – ми́нус два́дцать пять гра́дусов. Окно́ в **моро́зных узо́рах**. Все журнали́сты де́ржат в рука́х ча́шки с горя́чим ча́ем.
Ники́та Ро́занов – оди́н из журнали́стов. Молодо́й челове́к со све́тлыми коро́ткими волоса́ми начина́ет расска́зывать о свое́й иде́е:

гла́вный реда́ктор *m*	Chefredakteur
совеща́ние *n*	Besprechung
моро́зный узо́р *m*	Eisblumen
прода́ть *v irr*	verkaufen
замеча́ть *uv*	bemerken
входи́ть *uv*	hineingehen
бездо́мный *m*	obdachlos
находи́ть *uv*	finden

– В конце́ у́лицы, на кото́рой я живу́, есть ста́рый дом. Его́ постро́или мно́го лет наза́д, и в нём жи́ли лю́ди. Но уже́ давно́ в до́ме никто́ не живёт. Э́тот дом хоте́ли **прода́ть**, но никто́ его́ не покупа́ет. Так вот. Я **замеча́л** в о́кнах свет. И я ви́дел, как в дом **вхо́дят бездо́мные** лю́ди. Они́, я ду́маю, там спят. Но в до́ме давно́ нет электри́чества и воды́. В таки́е моро́зы бездо́мным о́чень тру́дно. Я хочу́ написа́ть о том, как они́ **нахо́дят** вы́ход.
– Хорошо́, – говори́т гла́вный реда́ктор, – э́то интере́сная те́ма. Де́лайте репорта́ж. Но у меня́ для вас есть ещё одно́ зада́ние. В сле́дующем ме́сяце юбиле́й худо́жника Васнецо́ва. Ну́жен репорта́ж из

музе́я. Васнецо́в – люби́мый худо́жник дете́й. Его́ карти́ны всегда́ есть в кни́гах ру́сских **наро́дных ска́зок**. Расскажи́те нам о его́ жи́зни.

На сле́дующий день Ники́та гото́вится де́лать репорта́ж о бездо́мных. Он понима́ет, что идёт в дом, в котором живу́т **незнако́мые** лю́ди. Э́ти лю́ди его́ не жду́т. Он не ду́мает, что они́ хотя́т разгова́ривать с ним.

наро́дная ска́зка *f*	Volksmärchen
незнако́мый	unbekannt
откры́ть *v*	öffnen
поднима́ться *uv*	hinaufsteigen
звук *m*	Geräusch, Laut

Снача́ла он идёт в магази́н и покупа́ет хлеб, чай, конфе́ты и буты́лку во́дки. Э́то пода́рки для бездо́мных.

Зимо́й день коро́ткий. В пять часо́в уже́ ве́чер, темно́. Ники́та стои́т пе́ред больши́м до́мом. В одно́м окне́ до́ма Ники́та замеча́ет сла́бый свет. Там мо́гут быть лю́ди. Вокру́г до́ма лежи́т бе́лый, чи́стый снег. Здесь никто́ [i] не хо́дит. Дверь **откры́та**.

Он вхо́дит в дверь и **поднима́ется** по ле́стнице. В тёмных ко́мнатах то́лько ве́тер. Но вот Ники́та слы́шит голоса́ люде́й. Кто́-то разгова́ривает. Ники́та идёт на **звук**. В пе́рвой ко́мнате кто́-то спит на полу́. Ники́та идёт да́льше. Во второ́й ко́мнате пе́чка. В пе́чке гори́т ого́нь. О́коло пе́чки сидя́т два челове́ка.

– До́брый вечер́, лю́ди до́брые, – говори́т Ники́та и откры́вает рюкза́к с пода́рками. – Мо́жно с ва́ми посиде́ть?

> Aus den Fragepronomen **кто, что, како́й** können durch Vorsetzen von **ни** Negativpronomen gebildet werden. Das Prädikat im Satz wird dann durch **не** verneint: **никто́ не хо́дит.**

Упражне́ние 1: Поря́док слов. Bringen Sie die Wörter in die richtige Reihenfolge!

1. снег | бе́лый | лежи́т | до́ма | Вокру́г

______________________________.

2. голоса́ | Ники́та | люде́й | слы́шит

______________________________.

3. день | Зимо́й | коро́ткий

______________________________.

4. давно́ | до́ме | никто́ | в | живёт | не

______________________________.

5. одно́й | кто́-то | ко́мнат | в | разгова́ривает | из

______________________________.

Домо́й он прихо́дит по́здно ве́чером. Он **дрожи́т** – и от хо́лода, и от **волне́ния**.

– Мари́на, э́то сча́стье – жить в тёплой кварти́ре! – говори́т Ники́та жене́. – Э́ти лю́ди та́к пло́хо живу́т! Э́то тру́дно **да́же** назва́ть жи́знью. Они́ никому́ не нужны́. Э́то больша́я социа́льная пробле́ма! А на́ших **поли́тиков** она́ не интересу́ет.

дрожа́ть *uv*	zittern
волне́ние *n*	Aufregung
да́же	*hier:* überhaupt
поли́тик *m*	Politiker

Ники́та пока́зывает жене́ фотогра́фии на моби́льном телефо́не:

достава́ть *uv*	*hier:* herausnehmen
бума́га *f*	Schriftstück
ле́нта *f*	Band
сжечь *v*	verbrennen
строка́ *f*	Zeile

– Э́то Ви́ктор, э́то На́дя, а э́то Константи́н. У ни́х когда́-то, как и у на́с, бы́ли роди́тели, де́тство, шко́ла, семья́, а пото́м траге́дия. И никто́ не помога́ет! – у большо́го и си́льного Ники́ты дрожи́т го́лос, когда́ он э́то говори́т.

– Что э́то? – спра́шивает Мари́на.

Ники́та **достаёт** из рюкзака́ ста́рые **бума́ги** с то́нкой ро́зовой **ле́нтой**.

– Ду́маю, что э́то каки́е-то пи́сьма. Я заме́тил их в том до́ме о́коло пе́чки. Но я не ду́маю, что у бездо́мных есть по́чта, что э́то их пи́сьма. Они́ ста́рые. Я ду́маю, что они́ нашли́ э́ти пи́сьма в до́ме и хоте́ли их **сжечь**. Им о́чень хо́лодно, и они́ жгут там всё, что мо́жет горе́ть. Мо́жет быть, пи́сьма лежа́ли под по́лом. Я взял пи́сьма и дал газе́ты, кото́рые бы́ли у меня́ в рюкзаке́. Дава́й посмо́трим, что́ я нашёл.

Мари́на убира́ет со стола́ посу́ду и смо́трит на бума́ги. На столе́ лежа́т конве́рты, лист бума́ги и одна́ то́лстая тетра́дь. Ники́та берёт в ру́ки тетра́дь, а Мари́на открыва́ет пе́рвый конве́рт и достаёт из него́ ста́рый жёлтый лист бума́ги.

Мари́на чита́ет пе́рвые **стро́ки** письма́ и смо́трит на конве́рт.

– Э́то письмо́ писа́л Его́р Кня́зев. Мно́го лет наза́д он писа́л Алекса́ндре Репни́нской. Смотри́! Она́ жила́ в том до́ме, в кото́ром ты вчера́ был. На конве́рте **тот са́мый** а́дрес: Сре́тенский переу́лок, дом 17, кварти́ра 57.

Упражне́ние 2: Предло́ги. Ergänzen Sie den Text mit den angegebenen Präpositionen!

в о́коло от от со на

1. Мари́на берёт тетра́дь ____________ ру́ки.

2. Ники́та дрожи́т ____________ хо́лода и ____________ волне́ния.

3. Они́ убра́ли посу́ду ____________ стола́.

4. Ники́та заме́тил паке́т пи́сем ____________ пе́чки.

5. Ники́та показа́л Мари́не фотогра́фии ____________ телефо́не.

– А э́то его́ **дневни́к**, – Ники́та де́ржит в рука́х тетра́дь. – На пе́рвой стра́нице я чита́ю: «Дневни́к Его́ра Кня́зева». Как э́то мо́жет быть, что бума́ги Алекса́ндры Репни́нской и Его́ра Кня́зева лежа́т вме́сте? – спра́шивает Никита.

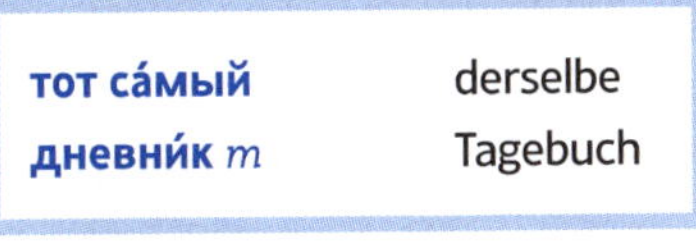

тот са́мый	derselbe
дневни́к *m*	Tagebuch

– Дава́й чита́ть! – говори́т Мари́на. - Я ду́маю, что в пи́сьмах есть отве́ты на на́ши вопро́сы. Вот пе́рвое письмо́ Его́ра, его́ да́та 24 декабря́ 1947 го́да.

Мари́на начина́ет чита́ть:

«Уважа́емая Алекса́ндра Петро́вна. Нет! Извини́те! Дорога́я Алекса́ндра!
К сожале́нию, *мы с Ва́ми ре́дко вме́сте. Но когда́ мы вме́сте, вокру́г нас всегда́ лю́ди. Поэ́тому я Вам пишу́.*
Я хочу́ сказа́ть, что ***восхища́юсь*** *Ва́ми, Ва́шим тала́нтом и Ва́шим иску́сством. Вы танцу́ете о́чень краси́во! Я ду́маю, что Вы про́сто ге́ний! Я не могу́* ***дыша́ть***, *когда́ смотрю́, как Вы танцу́ете!*
Я ду́маю, что Вам ***стра́нно*** *чита́ть таки́е слова́. Я коммуни́ст и я занима́ю высо́кий* ***пост***. *Но ещё я про́сто челове́к. Я люблю́ Ва́ше иску́сство и люблю́ Вас. Э́то я у́же давно́ хоте́л Вам сказа́ть.*
Дорога́я Са́шенька[i], *я ста́рше Вас на пятна́дцать лет. И, к сожале́нию, не то́лько э́то* ***разделя́ет*** *нас. Я́ков Шага́лов – о́чень бли́зкий Вам челове́к. Я зна́ю, что он друг де́тства. Вы* ***потеря́ли*** *роди́телей, когда́ Вы бы́ли ещё де́вочкой. Поэ́тому Вы жи́ли в семье́ Я́кова. Но я ви́жу, как Вы смо́трите на него́: Вы восхища́етесь им! Мо́жет быть, вы лю́бите его́? Но я хочу́ ду́мать, что вы с ним то́лько хоро́шие друзья́.*
Я хочу́ спроси́ть о Ва́ших чу́вствах. Е́сли Вы лю́бите меня́, то Вы сде́лаете меня́ са́мым счастли́вым челове́ком! В э́той жи́зни я хочу́ то́лько одного́ – быть с ва́ми!»

– Класси́ческий **любо́вный треуго́льник**! – говори́т Ники́та. – Не зна́ю, кто э́тот Я́ков, но Е́гор мне нра́вится. Послу́шай, что он пи́шет в дневнике́. «Ру́сский челове́к не зна́ет, что его́ ждёт за́втра. В на́ше вре́мя **зако́ны** рабо́тают пло́хо. Когда́ тепло́ и со́лнце – зако́н оди́н, а когда́ идёт дождь – зако́н друго́й. Ду́маю, поэ́тому ру́сскому челове́ку нельзя́ жить без **Бо́га**».

– А вот что в **запи́ске**. Запи́ска без и́мени. Но я ду́маю, что писа́л, коне́чно, Его́р, – говори́т Мари́на. – «Скажи́, пожа́луйста, Я́ше, что Д. **доверя́ть** нельзя́». Что ты хо́чешь сде́лать? – спра́шивает Мари́на.

к сожале́нию	leider
восхища́ться *uv*	bewundern
дыша́ть *uv*	atmen
стра́нно	seltsam
пост *m*	Stellung
разделя́ть *uv*	trennen
потеря́ть *v*	verlieren
любо́вный треуго́льник *m*	Liebesdreieck
зако́н *m*	Gesetz
Бог *m*	Gott
запи́ска *f*	Notiz
доверя́ть *uv*	vertrauen

Ники́та открыва́ет ноутбу́к и начина́ет что-то там писа́ть.

– Я хочу́ найти́ информа́цию – мы зна́ем имена́ э́тих люде́й, адреса́. Кто́-то из них, мо́жет быть, ещё живёт в Москве́.

Всю ночь Ники́та рабо́тает за компью́тером. Мари́на помога́ет му́жу, но рабо́ты о́чень мно́го. Она́ идёт спать, а Ники́та сиди́т ещё мно́го часо́в и ищет в Интерне́те информа́цию.

Im Russischen benutzt man sehr häufig Kosenamen. Manche von ihnen können nur schwer abgeleitet werden: Александр и Александра werden zu Сашенька. Яков wird zu Яша.

Упражне́ние 3: Глаго́лы. Lesen Sie weiter und setzen Sie die korrekten Verbformen ein!

У́тром, когда́ они́ 1. за́втракать ______________, Мари́на 2. спра́шивать ______________ Ники́ту, что он нашёл в Интерне́те. Ники́та не мо́жет отве́тить сра́зу, он 3. ду́мать ______________. Он 4. ста́вить ______________ на стол ча́шку, из кото́рой он 5. есть ______________ мю́сли с молоко́м, берёт свою люби́мую ча́шку с ко́фе и говори́т:

– Тру́дно сказа́ть, что я нашёл. В Москве́ мно́го люде́й с фами́лиями Кня́зев и Шага́лов. Я нашёл, наприме́р, **стихи́** Гео́ргия Кня́зева. Но не зна́ю, э́то стихи́ на́шего Его́ра и́ли друго́го. Ещё я нашёл, наприме́р, автомоби́льный сало́н Я́кова Шага́лова. Но не ду́маю, что э́то сало́н на́шего Шага́лова. Об Алекса́ндре Репни́нской я ничего́ не нашёл. Но есть Репни́нские – дина́стия актёров Ма́лого теа́тра.

– Де́вушки ча́сто беру́т фами́лию му́жа. Мо́жет быть, у неё есть семья́ и сейчас у неё друга́я фами́лия. Что тепе́рь де́лать? – спра́шивает Мари́на.

– Тепе́рь я хочу́ найти́ кого́-то из э́тих люде́й. Но для э́того мне ну́жно вре́мя. Сего́дня я иду́ в музе́й Васнецо́ва. Вчера́ я по телефо́ну говори́л с секретарём музе́я. Я встреча́юсь с А́дой Гео́ргиевной Кня́зевой.

Ещё оди́н челове́к с «на́шей» фами́лией!

– Ты идёшь в «Теремо́к»[i]! – Мари́на улыба́ется. – Я ходи́ла туда́ на экску́рсию, когда́ учи́лась в шко́ле. Мне жаль, что я не могу́ пойти́ в музе́й с тобо́й. – А тебе́ там о́чень понра́вится!

стих *m*	Gedicht
окружа́ть *uv*	umringen
совреме́нный	zeitgemäß, modern
остана́в-ливаться *uv*	stehen bleiben
о́стров *m*	Insel
настоя́щий	echt
спо́рить *uv*	streiten
шути́ть *uv*	scherzen
толка́ть *uv*	stoßen

Ники́та е́дет на метро́ до ста́нции «Проспе́кт Ми́ра». По лабири́нту у́лиц он мину́т пятна́дцать идёт до Васнецо́вского переу́лка. Он вхо́дит во дво́р, кото́рый **окружа́ют** высо́кие **совреме́нные** дома́, и **остана́вливается**. Кака́я красота́! Ма́ленький **о́стров** ру́сской исто́рии в са́мом це́нтре большо́го совреме́нного го́рода. Высо́кие ста́рые дере́вья, на кото́рых лежи́т снег, окружа́ют небольшо́й дом. Ра́ньше тако́й дом Ники́та ви́дел то́лько на карти́нках в кни́гах ру́сских ска́зок: **настоя́щий** ру́сский те́рем.

Ники́та вхо́дит в дом. В коридо́ре шу́мно. Ма́ленькие де́вочки и ма́льчики ждут нача́ла экску́рсии. Они́ **спо́рят**, **шу́тят**, **толка́ют** друг дру́га. В э́то вре́мя в ко́мнату вхо́дит невысо́кая то́нкая же́нщина. У неё о́чень прия́тное лицо́,

> Ein **те́рем** ist der Teil unter dem Dach eines luxuriösen Hauses, der typisch für alte russische Gebäude ist. Umgangssprachlich bezeichnet man als **теремо́к** ein prachtvolles Haus im traditionellen russischen Stil.

больши́е се́рые глаза́, коро́ткие све́тлые во́лосы и пряма́я спина́. Она́ говори́т негро́мко, но все́ де́ти слы́шат её слова́:
– Дороги́е мои́, кто лю́бит ска́зки?

Упражне́ние 4: Предло́ги. Ergänzen Sie den Text mit den passenden Präpositionen!

до на в на во до

1. Ма́ленький о́стров ______ са́мом це́нтре го́рода.
2. Снег лежи́т ______ дере́вьях.
3. Он вхо́дит ______ двор до́ма.
4. Он идёт ______ Васнецо́вского переу́лка.
5. Ники́та е́дет ______ метро́ ______ ста́нции «Проспе́кт ми́ра».

та́йна *f*	Geheimnis
экскурсово́д *m*	Museumsführer

Все де́ти крича́т:
– Я! Я! Я!
– А ска́зка лю́бит тишину́! – ти́хо говори́т же́нщина, и ка́жется, что она́ открыва́ет де́тям **та́йну**. – А ещё ска́зка лю́бит, когда́ её внима́тельно слу́шают. Вот ваш **экскурсово́д**, Ири́на Петро́вна. Добро́ пожа́ловать в дом ска́зок, кото́рый постро́ил ру́сский худо́жник Ви́ктор Миха́йлович Васнецо́в!
В коридо́ре стано́вится ти́хо, когда́ де́ти вхо́дят в

пе́рвую большу́ю ко́мнату. Тогда́ же́нщина спра́шивает Ники́ту:

– Здра́вствуйте! Вы пришли ко мне? Э́то вы из журна́ла «Го́род»? Я А́да Гео́ргиевна.

То́лько тепе́рь Ники́та ви́дит, что А́да Гео́ргиевна уже́ **пожила́я** же́нщина. Он говори́т, кто́ он и что́ он хо́чет знать о музе́е и о худо́жнике. Они́ вхо́дят в пе́рвую ко́мнату, из кото́рой де́ти уже́ ушли́. А́да Гео́ргиевна пока́зывает Ники́те экспози́цию музе́я. Она́ во́дит его́ по ко́мнатам, в кото́рых всё сде́лано из де́рева: пол, сте́ны, ме́бель. На сте́нах вися́т больши́е карти́ны. С карти́н смо́трят персона́жи ру́сских наро́дных ска́зок – **Богатыри́**, Алёнушка, Ива́н-Царе́вич на се́ром во́лке, пти́ца Гамаю́н с лицо́м краси́вой же́нщины. В одно́й из ко́мнат стои́т **буфе́т**. Как и други́е ве́щи в до́ме, он из де́рева и о́чень большо́й. Ники́та до́лго смо́трит на него́ с интере́сом. Буфе́т **украша́ют** фигу́ры из де́рева – то́же персона́жи ру́сских ска́зок.

– Э́то буфе́т-самобра́нка, – объясня́ет А́да Гео́ргиевна. – По́мните, в ру́сских ска́зках есть **ска́терть-самобра́нка**. Когда́ **расстила́ют** таку́ю ска́терть на столе́ и́ли на земле́, на ней сра́зу **появля́ется** вку́сная еда́. Э́тот буфе́т Васнецо́в приду́мал и заказа́л сде́лать для свои́х дете́й. Позади́ э́той ко́мнаты нахо́дится ку́хня. В стене́ ме́жду ку́хней и ко́мнатой – **дыра́**. Стена́ буфе́та – э́то две́рца в ку́хню. Из ку́хни

пожило́й	älterer
богаты́рь *m*	Recke, Hüne
буфе́т *m*	Küchenbuffet
украша́ть *uv*	schmücken
ска́терть-самобранка *f*	Tischleindeckdich
расстила́ть *uv*	etw. flach ausbreiten
появля́ться *uv*	erscheinen
дыра́ *f*	Loch

ста́вят в буфе́т ра́зные блю́да. Пото́м в ко́мнате открыва́ют две́рцы буфе́та – и вот гото́вые блю́да! Де́ти Васнецо́ва приходи́ли к буфе́ту по́сле игр. Их ждала́ вку́сная еда́.

Упражне́ние 5: Отве́тьте. Beantworten Sie die Fragen zum Text!

1. Что появля́ется на ска́терти-самобра́нке?

____ .

2. Куда́ обы́чно расстила́ют ска́терть-самобра́нку?

____ .

3. Для кого́ Васнецо́в приду́мал буфе́т?

____ .

4. Что нахо́дится ме́жду ко́мнатой и ку́хней?

____ .

5. Из чего́ сде́лан буфе́т и други́е ве́щи в до́ме?

____ .

Они́ иду́т по за́лам музе́я. А́да Гео́ргиевна расска́зывает Ники́те о жи́зни худо́жника. Как он люби́л свою́ жену́. Ско́лько дете́й у них бы́ло. А́да Гео́ргиевна расска́зывает, что у Васнецо́вых бы́ло четы́ре сы́на и одна́ дочь. Она расска́зывает о гостя́х, кото́рые приходи́ли в дом Васнецо́вых. О том, как худо́жник построил э́тот дом, и ещё о мно́гом друго́м.

мастерска́я *f*	Atelier
эски́з *m*	Skizze
ли́чный	persönlich
праба́бушка *f*	Uroma
спекта́кль *m*	Theatervorstellung
что́-нибудь	irgendetwas

Они́ иду́т на второ́й эта́ж. Э́то **мастерска́я** Васнецо́ва – са́мая больша́я и са́мая све́тлая ко́мната. Свет идёт из больши́х о́кон. Сейча́с на сте́нах вися́т портре́ты и карти́ны. Ники́та остана́вливается пе́ред одни́м из портре́тов. Э́то **эски́з** к карти́не «Снегу́рочка». Он смо́трит на же́нщину на портре́те, пото́м на А́ду Гео́ргиевну.

– Извини́те меня́ за **ли́чный** вопро́с. Как мо́жет быть, что же́нщина на портре́те – ва́ша ко́пия? – спра́шивает Ники́та.

А́да Гео́ргиевна засмея́лась.

– Мне о́чень прия́тно, что вы э́то заме́тили! Э́то моя́ **праба́бушка**. Васнецо́в писа́л карти́ну «Снегу́рочка» с мое́й праба́бушки, кото́рая игра́ла э́ту роль в **спекта́кле**. Семья́ мое́й ма́мы, Репни́нские, бы́ли арти́стами. Они́ рабо́тали в Ма́лом теа́тре.

– Репни́нские? – ме́дленно повторя́ет Ники́та. Он вспомина́ет, что уже́ зна́ет э́ту фами́лию. – Тогда́ у меня́ есть ещё оди́н ли́чный вопро́с.

– Спра́шивайте, – говори́т ему́ А́да Гео́ргиевна и улыба́ется.

– Вам говори́т **что́-нибудь** и́мя Алекса́ндра Петро́вна Репни́нская? – спра́шивает Ники́та.

Ста́ло ти́хо. То́лько далёкий смех детей внизу́ до́ма. Пото́м в ко́мнату вхо́дит но́вая экскурсио́нная гру́ппа, и сно́ва А́да Гео́ргиевна и Ники́та слы́шат ря́дом голоса́ люде́й. Лицо́ А́ды Гео́ргиевны, когда́ она́ отвеча́ет, уже́ друго́е. На лице́ бо́льше нет улы́бки, глаза́ темне́е, в её го́лосе волне́ние:

слу́чай *m*	*hier:* Schicksal
собира́ть *uv*	sammeln
жиле́ц *m*	Bewohner
му́чать *uv*	quälen

– Что вы зна́ете о мое́й ма́ме?

– К сожале́нию, я ничего́ о ней не зна́ю, кро́ме и́мени, – отве́тил Ники́та.

– А отку́да вы зна́ете её и́мя? - спра́шивает пожила́я же́нщина.

Ники́та реша́ет нача́ть исто́рию с нача́ла:

– А́да Гео́ргиевна, скажи́те, Вы ве́рите в **слу́чай**?

– Да, ве́рю, – отвеча́ет она́.

– Тогда́ Вы мо́жете пове́рить моему́ расска́зу, –

Упражне́ние 6: Переводи́те. Lesen Sie weiter und übersetzen Sie die weiß hinterlegten Wörter ins Deutsche!

Вчера́ я был в одно́м ста́ром до́ме в це́нтре Москвы́. Э́то дом в Сре́тенском переу́лке. В нём живу́т 1. бездо́мные ____________. Я **собира́л** материа́л для репорта́жа, разгова́ривал с 2. незнако́мыми ____________ **жильца́ми**

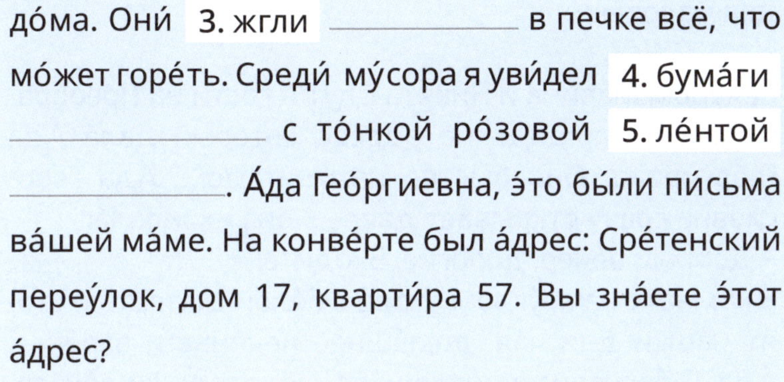
до́ма. Они́ 3. жгли ____________ в печке всё, что мо́жет горе́ть. Среди́ му́сора я уви́дел 4. бума́ги ____________ с то́нкой ро́зовой 5. ле́нтой ____________. А́да Гео́ргиевна, э́то бы́ли пи́сьма ва́шей ма́ме. На конве́рте был а́дрес: Сре́тенский переу́лок, дом 17, кварти́ра 57. Вы зна́ете э́тот а́дрес?

– Нет, я не зна́ю э́того а́дреса, – отве́тила А́да Гео́ргиевна. – От кого э́ти пи́сьма?
– Там бы́ли не то́лько пи́сьма. В па́чке бума́г, кро́ме пи́сем, я нашёл запи́ску, и ещё дневни́к. Вы извини́те, но мы прочита́ли их. Вме́сте с мое́й жено́й Мари́ной.
– Ах, молодо́й челове́к, – говори́т А́да Гео́ргиевна, – не **му́чайте** меня́. Вы замеча́тельно расска́зываете исто́рии, но, пожа́луйста, расска́зывайте быстре́е! Скажи́те же, наконе́ц, кто писа́л все э́ти пи́сьма, запи́ски и дневники́?

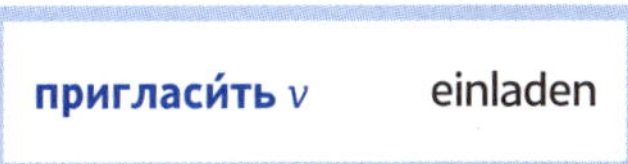
пригласи́ть *v* einladen

– Вы зна́ете и́мя Его́р Кня́зев? – са́мую ва́жную информа́цию Ники́та сказа́л о́чень про́сто и ко́ротко.
– Коне́чно, зна́ю. Так зва́ли моего́ отца́.
– Как э́то мо́жет быть?! – не пове́рил Ники́та. Он ду́мал, что А́да Гео́ргиевна не зна́ет Его́ра. Ста́ло поня́тно, что А́де Гео́ргиевне и Ники́те на́до о мно́гом поговори́ть. Поэ́тому А́да Гео́ргиевна **пригласи́ла** Ники́ту к себе́ в го́сти. Она́ проси́ла его́ прийти́ вме́-

сте с Мари́ной. Она́ по́мнила, что пи́сьма чита́ли два челове́ка.

Ве́чером Мари́на и Ники́та е́дут в го́сти на Преображе́нскую пло́щадь по а́дресу, кото́рый дала́ А́да Гео́ргиевна. Они́ бы́стро нахо́дят дом. А́да Гео́ргиевна сра́зу открыва́ет дверь – она́ их ждала́:
– До́брый ве́чер, дороги́е! Входи́те!
В ко́мнате на кру́глом столе́ с бе́лой ска́тертью стоя́т ча́шки для ча́я, дома́шнее пече́нье и варе́нье. А́да Гео́ргиевна приглаша́ет молоды́х люде́й сади́ться к столу́. Она́ берёт бума́ги из рук Мари́ны. Она́ о́чень волну́ется, у неё дрожа́т ру́ки. А́да Гео́ргиевна про́сит молоды́х люде́й чу́вствовать себя́ как до́ма, а сама́ смо́трит бума́ги, чита́ет дневни́к.
– Извини́те меня́, пожа́луйста, – говори́т А́да Гео́ргиевна. – Я волну́юсь, хочу́ поня́ть, что э́то то́чно пи́сьма мои́х роди́телей.
– Не волну́йтесь, мы всё понима́ем, – говори́т Ники́та. – Мы пока́ попьём горя́чий чай. На у́лице тако́й моро́з!
Ники́та и Мари́на **налива́ют** чай в ча́шки, кладу́т на ма́ленькие таре́лки варе́нье, беру́т пече́нье. Молоды́е лю́ди смо́трят по сторона́м, на кни́ги на по́лках, на фотогра́фии на сте́нах и ти́хо разгова́ривают друг с дру́гом. Че́рез два́дцать мину́т А́да Гео́ргиевна начина́ет расска́зывать.
– Да, э́тот дневни́к и э́ти пи́сьма писа́л мой па́па. А гениа́льная балери́на – э́то моя́ ма́ма. Вот её фотогра́фия. – А́да Гео́ргиевна пока́зывает на фотогра́фию на стене́. – Спаси́бо вам большо́е, что нашли́

меня́ и принесли́ э́ти пи́сьма.

– А́да Гео́ргиевна, э́то всё слу́чай. **Наве́рное**, пи́сьма са́ми вас иска́ли, – шу́тит Ники́та.

– Вы, коне́чно, ждёте расска́за о лю́дях, о кото́рых вы прочита́ли в пи́сьмах?

налива́ть *uv*	eingießen
наве́рное	vermutlich
тяжело́	schwer
вспомина́ть *uv*	sich erinnern
заслу́живать *uv*	verdienen
знамени́тый	berühmt
пье́са *f*	Theaterstück
поги́бнуть *v*	umkommen

– То́лько е́сли вам не **тяжело́ вспомина́ть**! Мы с интере́сом послу́шаем.

– Э́то пра́вда тяжело́. Но мои́ роди́тели **заслу́живают**, что́бы о них по́мнили. С чего́ мне лу́чше нача́ть? – спра́шивает А́да Гео́ргиевна и молчи́т немно́го.

– Начну́ с мое́й ма́мы, – говори́т она́ пото́м. – Как вы уже́ зна́ете, моя́ ма́ма была́ балери́ной. Она́ рабо́тала арти́сткой в Музыка́льном теа́тре. Она́ хоте́ла быть балери́ной лет с пяти́. Роди́тели мое́й ма́мы, как и её ба́бушка и де́душка, бы́ли актёрами. Они́ рабо́тали в **знамени́том** Ма́лом теа́тре. У них бы́ли друзья́ писа́тели, поэ́ты, худо́жники, музыка́нты. Моя́ праба́бушка игра́ла роль Снегу́рочки в пе́рвом спекта́кле по **пье́се** Алекса́ндра Никола́евича Остро́вского. Вот тогда́ Васнецо́в написал с неё эски́з для свое́й карти́ны «Снегу́рочка». Карти́на сейча́с в Третьяко́вской галере́е.

Когда́ мое́й ма́ме бы́ло двена́дцать лет, её роди́тели **поги́бли**.

– Что случи́лось? – спра́шивает Мари́на. Она́ с интере́сом слу́шает расска́з А́ды Гео́ргиевны.

Упражне́ние 7: Мно́жественное число́. Bilden Sie die richtige Pluralform!

1. карти́на ______________________

2. поэ́т ______________________

3. худо́жник ______________________

4. писа́тель ______________________

5. актёр ______________________

ава́рия *f*	Autounfall
скри́пка *f*	Geige
пла́кать *uv*	weinen
война́ *f*	Krieg

– **Ава́рия**, – отвеча́ет А́да Гео́ргиевна и продолжа́ет. – Моя́ ма́ма оста́лась одна́. Друзья́ её роди́телей, то́же семья́ актёров, Шага́ловы, взя́ли ма́му к себе́ в дом. Она́ жила́ в их семье́ как дочь. У Шага́ловых был сын, Я́ков. Я́ша был ста́рше ма́мы на два го́да. Говоря́т, что он роди́лся со **скри́пкой** в рука́х. Я́ша был ге́ний. Скри́пка в его́ рука́х могла́ расска́зывать исто́рии. Лю́ди **пла́кали** и смея́лись, когда́ слу́шали его́ му́зыку. Я́ша был о́чень весёлый. Когда́ лю́ди ви́дели ма́му и Я́шу ря́дом, они́ ду́мали, что э́то брат и сестра́. А они́ бы́ли то́лько хоро́шими друзья́ми. Игра́ли вме́сте, как де́ти. Я́ша игра́л на скри́пке му́зыку, а ма́ма танцева́ла. Ма́ме бы́ло шестна́дцать, а Я́ше восемна́дцать лет, когда́ око́нчилась **война́**. Алекса́ндра и Я́ша учи́-

лись в ра́зных профессиона́льных шко́лах, но в 1947 году́ они́ на́чали рабо́тать в одно́м Музыка́льном теа́тре. Они́ то́лько начина́ли театра́льную карье́ру, но лю́ди уже́ заме́тили их. Алекса́ндру, как говори́ли, ждал успе́х. Ей уже́ дава́ли танцева́ть **со́льные номера́**. А Я́ша... Я́ша – его́ люби́ли все, кто его́ знал.

со́льный но́мер *m*	Solonummer
вое́нный *m*	Soldat

А тепе́рь я должна́ оста́вить э́тих двои́х и познако́мить вас с Его́ром. Гла́вным персона́жем э́той гру́стной исто́рии. Вот, у меня́ есть его́ фотогра́фия, – А́да Гео́ргиевна кладёт на стол пе́ред Мари́ной и Ники́той небольшо́й фотографи́ческий портре́т немолодо́го челове́ка. Пра́вильная фо́рма лица́, тёмные во́лосы, краси́вые, больши́е глаза́ смо́трят внима́тельно. – Здесь он уже́ пожило́й челове́к. Фотогра́фию сде́лали че́рез мно́го лет по́сле исто́рии, кото́рую я вам расска́зываю.

– Како́й краси́вый челове́к! – говори́т Ники́та. – Но я ду́маю, что ему́ бы́ло в жи́зни тру́дно.

– Да, непро́сто, – говори́т А́да Гео́ргиевна. – Его́ру бы́ло уже́ мно́го лет, когда́ он познако́мился с Алекса́ндрой. Он прошёл войну́, был команди́ром. По́сле войны́ он стал администра́тором теа́тра. Он не́ был арти́стом, но был немно́го поэ́том. Когда́ он учи́лся в университе́те, он писа́л стихи́. Он да́же написа́л небольшу́ю кни́гу. Пото́м был **вое́нным**. А по́сле войны́ он сно́ва рабо́тал администра́тором в Музыка́льном теа́тре.

– Мы нашли́ в Интерне́те кни́гу его́ стихо́в! – заме́тили гóсти. – Навéрное, мóжно взять её в библиотéке и́ли кýпить.

– Алексáндру он полюби́л срáзу. С тогó момéнта, когдá уви́дел её пéрвый раз на сцéне, – продолжáет истóрию Áда Геóргиевна. – Онá былá мáленькая, тóненькая. Но в ней былá **си́ла**. Зри́тель чýвствовал энéргию её тáнца. Казáлось, что **движéния** не стóят ей **трудá**. Что онá летáет под мýзыку. Егóр полюби́л прéжде всегó её талáнт. Потóм, когдá он узнáл её бли́же, он пóнял, что онá и хорóший человéк. Он дóлго **скрывáл** от Алексáндры свои́ чýвства.

си́ла *f*	Kraft
движéние *n*	Bewegung
труд *m*	*hier:* Anstrengung
скрывáть *uv*	geheim halten
защищáть *uv*	verteidigen
злóба *f*	Bosheit

Я знáю, что моя́ мáма полюби́ла Егóра тóже почти́ срáзу. Но онá не решáлась сказáть об э́том дáже себé. Он такóй вáжный, краси́вый мужчи́на, а онá – девчóнка! Их ромáн был мéдленным.

Они́ иногдá ви́дели друг дрýга в коридóрах теáтра. Егóр смотрел на Алексáндру во врéмя репети́ций. Они́ почти́ не говори́ли друг с дрýгом. Наконéц Егóр реши́л откры́ть свои́ чýвства. Тогдá он написáл письмó. Вот э́то сáмое письмó. Мáма дýмала, что онó пропáло. Егóр был óчень внимáтельным. Он реши́л, что глáвная егó задáча – **защищáть** Алексáндру.

Вы мóжете спроси́ть, почемý нýжно бы́ло защищáть человéка, котóрый жил в ми́ре искýсства? Но в ми́ре искýсства тóже есть и эгои́зм, и **злóба**. Актёры, как мáстера, не покáзывают свои́х чýвств. Челове́к улыба́ется тебе́, но что он ду́мает? Жизнь за сте́нами теа́тра то́же была́ нелёгкая. Война́ зако́нчилась, но вокру́г **бе́дность**, го́лод. А ещё э́ти **та́йные слу́жбы**...

бе́дность *f*	Armut
та́йные слу́жбы *f/pl*	Geheimdienst
доно́с *m*	Anzeige
пропада́ть *uv*	verschwinden
арестова́ть *v*	verhaften
ужа́сно	schrecklich
дока́зывать *uv*	beweisen

Все в СССР сле́довали пла́ну коммунисти́ческой па́ртии. Па́ртия реша́ла ско́лько на́до стро́ить домо́в, ско́лько на́до де́лать ма́шин, ско́лько на́до дава́ть спекта́клей. Рабо́тники та́йных служб бы́ли во всех организа́циях. Они́ начина́ли разгово́ры, задава́ли вопро́сы, а пото́м писа́ли **доно́сы**. И челове́к, на кото́рого написа́ли доно́с, **пропада́л**.

Я́ша был я́рким и откры́тым. Его́р ду́мал, что оди́н челове́к из орке́стра хоте́л сдела́ть ему́ зло. Он попыта́лся сказа́ть Я́кову что с Д. (я не по́мню фами́лию) не ну́жно говори́ть ни о чём, кро́ме пого́ды. Но бы́ло уже́ по́здно.

К Я́ше пришёл челове́к в фо́рме. Я́ша пошёл с ним и бо́льше не верну́лся. Че́рез три дня в теа́тре узна́ли, что Я́кова **арестова́ли**. Д. встре́тил Алекса́ндру в коридо́ре и ти́хо сказа́л: «Э́то был Кня́зев. Он не лю́бит конкуре́нции».

Э́то бы́ло **ужа́сно**. Алекса́ндра люби́ла Его́ра. Она не хоте́ла ве́рить Д. Но что, е́сли он прав?..

Его́р хоте́л помо́чь Я́кову. Он знал, что Я́ша был хоро́шим челове́ком. Он написа́л письмо́, в кото́ром он **дока́зывал**, что Я́ков Шага́лов –ничего́ не сде́лал. Пото́м он отда́л Алекса́ндре дневни́к и попроси́л ве́рить ему́. Че́рез неде́лю Его́ра то́же арестова́ли. Ма́ма уже́ не могла́ танцева́ть. Она́ бо́льше не ходи́ла в теа́тр. Весь день она́ ходи́ла по у́лицам. Она ду́мала,что та́йные слу́жбы её то́же аресту́ют.

- Э́то ужа́сно! – говори́т Мари́на. – Она́ была́ така́я молода́я! Ей, наве́рное, бы́ло так пло́хо! Что случи́лось да́льше?

Упражне́ние 8: Предло́ги. Lesen Sie weiter und unterstreichen Sie die richtige Präposition!

1. На / в оди́н счастли́вый день она́ встре́тила **2.** в / на у́лице подру́гу ма́тери, Татья́ну Ви́кторовну Васнецо́ву. Ма́ма ей всё рассказа́ла. Татья́на Ви́кторовна сказа́ла, что ей нужна́ **помо́щница**. Ма́ма сра́зу сказа́ла «да». Она́ мно́го лет жила́ **3.** в / на до́ме Васнецо́вых. От ста́рой жи́зни у неё бы́ли то́лько фотогра́фии **4.** в / из сумке.

Она́ ду́мала, что оста́лась одна́. Но э́то бы́ло не так. О́чень ско́ро она узнала, что **бере́менна**. **5.** Че́рез / По́сле не́сколько ме́сяцев родила́сь я. Ма́ма и я – до́лгое вре́мя э́то была́ на́ша семья́.

А́да Гео́ргиевна **замолча́ла**.

– А что с Его́ром и с Я́ковом? – спра́шивает Мари́на.

– Я познако́милась с па́пой, с Его́ром, когда́ мне бы́ло семь лет. Его́р – э́то его́ **дома́шнее**[i] имя. А в па́спорте его́ и́мя бы́ло Гео́ргий Анто́нович. В 1955 году́ он нашёл нас с ма́мой. Мы жи́ли вме́сте. Ма́ма, па́па и я. Он был са́мым лу́чшим па́пой на све́те. Но, к сожале́нию, он жил не так до́лго. Мы жи́ли вме́сте то́лько де́сять лет.

Вы спроси́ли о Я́кове. К сожале́нию, я не зна́ю, что с ним случи́лось.

Все молча́т. По́здно. Сосе́ди, наве́рное, уже́ спят.

– Я иногда́ ду́мала, – говори́т А́да Гео́ргиевна, – кака́я прекра́сная жизнь могла́ быть у э́тих люде́й! Ско́лько **ра́дости** они́ могли́ **принести́** в э́тот мир!

Никто́ не мо́жет сказа́ть ни одного́ сло́ва. В глаза́х Мари́ны **слёзы**. А́да Гео́ргиевна зака́нчивает расска́з:

– Но э́то так хорошо́, что вы меня́ нашли́! Спаси́бо вам большо́е! Я смогла́

помо́щница *f*	*hier:* Haushaltshilfe
бере́менный	schwanger
замолча́ть *v*	verstummen
дома́шний	heimisch
ра́дость *f*	Freude
принести́ *v*	*hier:* beitragen
слеза́ *f*	Träne
свеча́ *f*	Kerze

Der griechische Name **Гео́ргий** hat mehrere Entsprechungen. Da es im Altrussischen keinen weichen g-Konsonanten gibt, wurde der Name im Zuge der Anpassung auf unterschiedliche Weise geschrieben und ausgesprochen: Его́рий, Его́р und Ю́рий sind Varianten des gleichen Namens.

бо́льше узна́ть о па́пе и вме́сте с ва́ми вспо́мнить его́.

свеча́ *f*	Kerze

На столе́ гори́т **свеча́**. Ти́хо. В ко́мнате сидя́т три челове́ка. Они́ ничего́ не говоря́т, но они́ ду́мают об одно́м. Они́ вспомина́ют тех люде́й, кото́рых бо́льше нет. Мо́жно поду́мать, что в ко́мнате бо́льше люде́й: за столо́м сидя́т А́да Гео́ргиевна, Мари́на, Ники́та, Его́р и Алекса́ндра – и Я́ша.

Си́няя моско́вская ночь смо́трит в окно́. Ста́рые пи́сьма верну́лись домо́й.

Чудеса в ночь на Ивана Купала

Евгения Харитончик

Die Nacht der Sommersonnenwende ist eine Nacht der Magie und der Wunder. Eine begnadete Künstlerin lädt die Bewohner eines kleinen Städchens dazu ein, am Vorabend zum Iwan-Kupala-Tag in die folklore Welt ihrer Bilder einzutauchen. Doch dieser Abend soll nicht nur für ihre Gäste unvergesslich bleiben.

Irina ist eine talentierte Künstlerin, die mit ihren selbstgebackenen Leckereien und ihren zauberhaften Bildern Freunde und Gäste zu verwöhnen weiß. Sie liebt Märchen und Legenden, deren Themen sie immer wieder in ihrer Kunst aufgreift. Ihr treuer Begleiter ist das Hündchen **Balu**.

Nikita ist ein geheimnisvoller junger Mann, der sich mit seinem Lächeln schnell Irinas Sympathie sichert.

Nastja und **Sonja** sind Irinas Freundinnen, die ihr bei den Vorbereitungen für die Ausstellung helfen.

ви́дно	sichtbar
звезда́ *f*	Stern
свеча́ *f*	Kerze
вы́ставка *f*	Ausstellung
печь *uv*	backen
накану́не	am Vortag
солнцестоя́ние *n*	Sonnenwende
чуде́сный	*hier:* magisch
па́поротник *m*	Farn

Ти́хий и тёплый ию́ньский ве́чер. Со́лнце захо́дит. Не́бо стано́вится темне́е и темне́е[i]. Тут и там **ви́дно** пе́рвые **звёзды**. На у́лицах почти́ нет люде́й.

В ую́тном кафе́ в це́нтре го́рода сидя́т три подру́ги – И́ра, На́стя и Со́ня. Пере́д окно́м горя́т **све́чи**. Кафе́ уже закры́то. Де́вушки разгова́ривают об о́чень ва́жных вопро́сах: у хозя́йки кафе́ Ири́ны че́рез неде́лю **вы́ставка** карти́н в музе́е го́рода. Ири́на не то́лько прекра́сно **печёт**, но и о́чень тала́нтливо рису́ет. Вы́ставка открыва́ется ве́чером в пя́тницу **накану́не** ле́тнего **солнцестоя́ния**, в пра́здник Ива́на Купа́ла. Де́вушки гото́вят всё, что ну́жно для вы́ставки.

Э́то о́чень ва́жная для Ири́ны да́та, потому́ что карти́ны она́ пи́шет по моти́вам славя́нских леге́нд. В одно́й из таки́х леге́нд расска́зывается о но́чи, когда́ в по́лночь мо́жно уви́деть **чуде́сный** цвето́к **па́поротника**. А как все зна́ют, па́поротник не цветёт. Но ведь э́то же леге́нда! Краси́вый цвето́к принесёт сча́стье.

> **i** Der einfache Komparativ wird gebildet, indem man die Endung **-ый** bzw. **-ий** des Adjektivs durch das Suffix **-ее (ей)** ersetzt: темн**ый** – темн**ее**. Es gibt einige Adjektive, die den Komparativ unregelmäßig bilden. Dazu gehören **хоро́ший – лу́чше; плохо́й – ху́же; ма́ленький – ме́ньше.**

То́лько жаль, что са́мая ва́жная карти́на для вы́ставки **до сих пор** ещё не гото́ва. Одного́ персона́жа худо́жница Ири́на пи́шет уже́ мно́го ме́сяцев, но э́тот персона́ж не получа́ется.

Упражне́ние 1: Словосочета́ния. Finden Sie das passende Adjektiv zu jedem Substantiv!

1. ☐ ве́чер	a) ма́ленький
2. ☐ карти́на	b) краси́вый
3. ☐ цвето́к	c) славя́нская
4. ☐ леге́нда	d) ти́хий
5. ☐ городо́к	e) ва́жная

Но пока́ де́вушки сидя́т за столо́м, говоря́т о вы́ставке, пьют чай с пиро́жными и мно́го **смею́тся**.

– И́рочка, я да́же не зна́ю, что мне бо́льше нра́вится – твои́ карти́ны и́ли твои́ пиро́жные. Всё так прекра́сно! – На́стя берёт ещё одно́ кре́мовое пиро́жное. – Мммм! Как вку́сно!

И́ра смеётся:

– Хорошо́, что мои карти́ны нельзя́ [i] так есть!

Со́ня улыба́ется:

– В сле́дующий раз мы сде́лаем презента́цию твои́х то́ртов и пиро́жных!

> Die Modalverben **на́до, ну́жно, мо́жно** und die Verneinung **нельзя́** werden immer in unpersönlichen Sätzen gebraucht. Danach kommt der Infinitiv des Verbs: **нельзя́ есть.** Man muss, soll, darf, braucht oder kann etwas (nicht) tun.

– Вот туда́ мне то́чно нельзя́ идти́, потому́ что я все экспона́ты сра́зу же **съем**!
– Настя **сли́зывает** крем с па́льцев. – Так, де́вочки, сейча́с нам надо поговори́ть о де́ле. – Практи́чная Со́ня хо́чет реши́ть вопро́сы. – И́ра, ты испечёшь то́рты и пиро́жные к пя́тнице? Я зна́ю, что **посети́тели** лю́бят **сла́дости**. То́лько не пеки́ сли́шком мно́го, е́сли ты не хо́чешь, что́бы они́ забы́ли твои́ карти́ны.

до сих пор	bis jetzt, bisher
смея́ться *uv*	lachen
съесть *v*	aufessen
сли́зывать *uv*	ablecken
посети́тель *m*	Besucher
сла́дость *f*	Nascherei, Süßes
совреме́нный	zeitgemäß, modern
наро́дная пе́сня *f*	Volkslied

– Отли́чная иде́я! С мое́й колле́гой в кафе́ мы всё пригото́вим.
– Дава́йте ещё приду́маем, что мне игра́ть в музыка́льной програ́мме. – Для На́сти игра́ на пиани́но о́чень важна́.
«Что вы́брать? Джаз? Класси́ческую му́зыку ? И́ли лу́чше что-то **совреме́нное**? Нет. Мне ну́жно что-то друго́е, – ду́мает Ира. – Ведь те́ма мои́х карти́н леге́нды. Зна́чит...»
– Ру́сские **наро́дные пе́сни**! – говори́т худо́жница вслух.
– И́рочка, ты – ге́ний! Э́то о́чень хорошо́! Э́та вы́ставка о́чень понра́вится посети́телям. В ма́леньком городке́ ма́ло интере́сного. Вку́сная еда́ и культу́ра – э́то хорошо́ для люде́й!
– Де́вочки, я могу́ всю ночь с ва́ми сиде́ть, но хочу́ ещё раз попро́бовать дописа́ть мою́ карти́ну. То́ль-

ко оди́н персона́ж не гото́в. А за́втра ве́чером мы ещё раз встре́тимся. Хорошо́? Я пойду́ к себе́ наве́рх в кварти́ру, а вы пото́м све́чи **погаси́те** и дверь кафе́ хорошо́ закро́йте. Споко́йной но́чи, дороги́е.

погаси́ть *v*	löschen
га́вкать *uv*	bellen
костёр *m*	Feuerstelle
кра́ска *f*	Farbe
кисть *f*	Pinsel
пыта́ться *uv*	versuchen
волнова́ться *uv*	aufgeregt sein
расставля́ть *uv*	*hier:* arrangieren, anordnen

Подру́ги то́же встаю́т.
Ма́ленькая соба́ка Балу́, кото́рая до сих пор споко́йно спала́ под столо́м, просыпа́ется, ра́достно **га́вкает** и идёт за Ири́ной.
До́ма Ири́на подхо́дит к карти́не и до́лго на неё смо́трит.
Бе́рег ле́тней реки́, **костры́** и молоды́е лю́ди в наро́дных костю́мах хоро́шо написа́ла. То́лько у лица́ одного́ молодо́го челове́ка нея́сные ко́нтуры. Ири́на про́бует други́е **кра́ски**. Пото́м берёт други́е **ки́сти**. Балу́ сиди́т ря́дом и с интере́сом смо́трит на карти́ну. Почти́ до утра́ Ири́на **пыта́ется** написа́ть лицо́ молодо́го челове́ка, но не мо́жет. Про́сто не получа́ется, как худо́жница хо́чет. Ири́на ти́хо говори́т:
– Почему́ я не ви́жу тебя́, друг? Как я могу́ тебя́ нарисова́ть? Эх, нет отве́та.

День вы́ставки.
Ири́на о́чень **волну́ется**, потому́ что э́та карти́на так и не получи́лась. Её подру́ги говори́ли, что никто́ не мо́жет заме́тить э́того. Но уже́ по́здно. Все карти́ны уже́ вися́т на сте́нах за́лов музе́я. И́ра и Со́ня **рас-**

ставля́ют то́рты и пиро́жные. На́стя сиди́т за пиани́но и репети́рует. О́коло музе́я стоя́т лю́ди и ждут откры́тия.

В 18.00 две́ри музе́я открыва́ются. Го́сти захо́дят.

Они́ хо́дят по за́лам и **восхища́ются**. Всем о́чень нра́вятся карти́ны худо́жницы. И её пиро́жные то́же о́чень вку́сные. И напи́тки здесь **беспла́тные**. Культу́ра – э́то хоро́шее де́ло! Так бы́стро и ве́село идёт ве́чер. На́стя игра́ет на пиани́но ру́сские наро́дные пе́сни. И́ра **успока́ивается**, потому́ что всё идёт хорошо́. Подру́ги бы́ли пра́вы. Лю́ди не заме́тили, что карти́на с молоды́ми людьми́ не гото́ва. Она́ им да́же о́чень нра́вится. Худо́жница **болта́ет** с гостя́ми. Здесь фото́граф изве́стной газе́ты «**Тво́рчество**». Он фотографи́рует Ири́ну с её карти́нами и то́ртами. Журнали́ст про́сит худо́жницу сказа́ть не́сколько слов о её рабо́те. Ири́на с ра́достью расска́зывает, что она лю́бит леге́нды ещё с де́тства. Её ба́бушка зна́ла мно́го наро́дных леге́нд и то́же о́чень люби́ла печь. Ири́на та́кже даёт реце́пты свои́х люби́мых пиро́жных, кото́рые пе́кла и её ба́бушка.

восхища́ться *uv*	bewundern
беспла́тный	kostenlos
успока́иваться *uv*	sich beruhigen
болта́ть *uv*	plaudern
тво́рчество *n*	Schaffen
уста́ть *v*	ermüden

Все внима́тельно слу́шают расска́зы Ири́ны и рассма́тривают её рабо́ты. И с удово́льствием едя́т сла́дости.

И Ири́на ра́да, что всё идёт хорошо́. То́лько она́ о́чень **уста́ла**. Она́ вхо́дит в ма́ленькую ко́мнату музе́я, отку́да На́стя прино́сит ещё пирожки́. Ири́на говори́т:

– На́стя, я пло́хо **себя́ чу́вствую**, мне ну́жно посиде́ть не́сколько мину́т. Пожа́луйста, иди́ к го́стям, я сейча́с приду́. Она́ сади́тся в ма́ленькое кре́сло и ду́мает: «Я закрыва́ю глаза́ то́лько на секу́нду...»

Упражне́ние 2: Поря́док слов. Bringen Sie die Wörter in die richtige Reihenfolge!

1. про́бует Ири́на ки́сти други́е

   ______________________________.

2. фотографи́рует карти́нами Он Ири́ну с

   ______________________________.

3. Балу́ карти́ну на смо́трит

   ______________________________.

4. Карти́ны все стена́х вися́т на

   ______________________________.

5. игра́ет наро́дные пе́сни На́стя

   ______________________________.

По́здним ве́чером на вы́ставку прихо́дит симпати́чный молодо́й челове́к. Его́ никто́ не зна́ет. Он в о́чень краси́вом и сти́льном костю́ме. Молодо́й человéк подхо́дит к И́ре и говори́т:

– Здра́вствуйте! Меня́ зову́т Ники́та.

– До́брый ве́чер, Ники́та! Я – Ири́на, худо́жница. Э́то моя́ вы́ставка.

Ники́та **продолжа́ет:**

– Ири́на, у Вас прекра́сные карти́ны. Мне о́чень нра́вятся таки́е моти́вы, я люблю́ **стари́нные** леге́нды. И осо́бенно мне нра́вится вот э́та карти́на. – Ники́та пока́зывает на карти́ну с молоды́ми людьми́. – Вы о́чень пра́вильно **опи́сываете пра́здник** ле́тнего солнцестоя́ния.

чувствова́ть *uv* **(себя́)**	(sich) fühlen
продолжа́ть *uv*	fortfahren, weitermachen
стари́нный	altertümlich
опи́сывать *uv*	*hier:* darstellen
пра́здник *m*	Fest
удово́льствие *n*	Vergnügen
друг дру́гу	einander

И́ра улыба́ется: – Большо́е спаси́бо, Ники́та. Мне о́чень прия́тно. Я о́чень люблю́ стари́нные леге́нды, а вечéр накану́не Ива́на Купа́ла (i) – мой люби́мый моти́в. Поэ́тому пишу́ таки́е карти́ны. А Вы хоти́те попро́бовать пиро́жные и́ли то́ртики? Э́то то́же моя́ рабо́та.

– С **удово́льствием**, Ири́на. Большо́е спаси́бо. – Ники́та про́бует пиро́жное. – Ооо, как э́то вку́сно! У Вас большо́й тала́нт!

– Спаси́бо, Ники́та, я о́чень ра́да, что Вам нра́вится. И дава́йте говори́ть **друг дру́гу** «ты».

(i) **«Ве́чер накану́не Ива́на Купа́ла»** ist auch der Titel einer bekannten Geschichte von Nikolai Gogol, die im Sammelband „Abende auf einem Bauernhof in der Nähe von Dikanka“ enthalten ist.

– С удово́льствием, И́ра!
– Ники́та, а мне ка́жется, что я тебя́ зна́ю.
Ники́та смеётся **зага́дочно**. – Мо́жет быть, мо́жет быть. Мне то́же каже́тся, что я тебя́ зна́ю.
Ири́на улыба́ется. Ей нра́вится э́тот симпати́чный мужчи́на. Она́ спра́шивает:
– Ники́та, а где ты живёшь? В на́шем го́роде?
– Да, коне́чно. Я живу́ недалеко́ от реки́. Е́сли ты хо́чешь, я могу́ тебе́ показа́ть. Там о́чень краси́во. И ведь сего́дня же ночь Ива́на Купа́ла! Ночь **волшебства́** и чуде́с. В э́ту ночь всё мо́жет случи́ться, ты зна́ешь.
Ири́на **обду́мывает** предложе́ние. Вы́ставка че́рез не́сколько мину́т зако́нчится, и большинство́ люде́й уже́ ушли́. Она́ согла́сна.
– Коне́чно, я хочу́! Я люблю́ гуля́ть по бе́регу реки́. **Осо́бенно** ве́чером. Осо́бенно в тако́й ве́чер! Я ве́рю в ска́зки. Мы мо́жем пойти́ сейча́с. Пока́ на у́лице ещё светло́. Я ду́маю, что я бо́льше здесь не нужна́. То́лько возьму́ свою́ соба́ку.
– **Замеча́тельно**! – ра́дуется Ники́та. – Погуля́ем все вме́сте. Я о́чень люблю́ живо́тных.
И́ра берёт свою́ шаль и идёт вме́сте с Ники́той к вы́ходу.
Со́ня **кричи́т** ей: – И́ра, ты куда́?
Но И́ра уже́ не слы́шит. Она́ закрыва́ет две́рь и выбега́ет на у́лицу.

зага́дочно	rätselhaft
волше́бство *n*	Magie; Zauberei
обду́мывать *uv*	bedenken
осо́бенно	insbesondere
Замеча́тельно!	Großartig!
крича́ть *uv*	rufen, schreien

Упражне́ние 3: Поря́док букв. Bringen Sie die Buchstaben in die richtige Reihenfolge!

1. бокаса ______________________

2. жнихудоца ______________________

3. сипабос ______________________

4. ставкавы ______________________

5. гидрупо ______________________

Ве́чер о́чень прия́тный. Тепло́ и ти́хо. Балу́ ве́село бе́гает по **траве́**. Ники́та и Ири́на иду́т че́рез ста́рый парк к реке́. Ники́та расска́зывает стари́нные ру́сские леге́нды. И́ра с удово́льствием слу́шает э́ти расска́зы.

Когда́ Ники́та расска́зывает о но́чи Ива́на Купа́ла, вдруг всё вокру́г начина́ет **меня́ться**. Ве́чер **превраща́ется** в день. Не́бо стано́вится голубы́м. Со́лнце **сия́ет**. Ста́рый парк **сгуща́ется** – похо́же, они сейча́с в лесу́. Ири́на **удивлённо** смо́трит на ска́зочных птиц, чуде́сных я́рких **ба́бочек** и прекра́сные цветы́. Удивлённый Балу́ внима́тельно смо́трит на хозя́йку и га́вкает.

трава́ *f*	Gras
меня́ться *uv*	sich verändern
превраща́ться *uv*	sich verwandeln
сия́ть *uv*	strahlen
сгуща́ться *uv*	sich verdichten
удивлённо	erstaunt, verwundert
ба́бочка *f*	Schmetterling

происхо́дить *uv*	geschehen, sich ereignen
собира́ть *uv*	sammeln
гото́вить *uv*	vorbereiten
обнима́ть *uv*	umarmen
стесня́ться *uv*	sich genieren
вено́к *m*	Kranz

И́ра ду́мает, что она́ спит и ви́дит сон. Но ря́дом идёт Ники́та и смеётся. Он зна́ет, о чём она́ ду́мает.

– Нет, И́ра, э́то не сон. Мы в настоя́щей стари́нной леге́нде. Ты по́мнишь, как ты говори́ла с твое́й карти́ной о но́чи Ива́на Купа́ла и проси́ла молодо́го челове́ка отве́тить? Я слы́шал. И вот твой отве́т – ты ведь хоте́ла меня́ уви́деть. Меня́ ты рисо́вала. Поэ́тому я здесь. Сего́дня же волше́бная ночь. Сейча́с ты познако́мишься с мои́ми друзья́ми.

И́ра не понима́ет, что **происхо́дит**, и ду́мает: «Что тако́е? Я ду́маю, я сплю».

Ники́та смеётся.

– Нет, И́ра, не спишь. Идём, нас ждут.

– Отку́да ты?

Ири́на не зака́нчивает фра́зу, потому́ что Ники́та берёт её за́ руку, и они́ вме́сте выхо́дят из па́рка к реке́. Балу́ бежи́т впереди́.

На берегу́ реки́ краси́вые де́вушки **собира́ют** цветы́ и тра́вы, молоды́е лю́ди **гото́вят** костры́. Всё так, как на карти́не худо́жницы. И́ре ка́жется, что она́ давно́ всех зна́ет.

Der Sarafan ist ein Teil der typisch russischen Frauentracht. Er ist ein langes, ärmelloses Gewand, das üblicherweise durch eine weiße Bluse und einen Blumenkranz **«вено́к»** ergänzt wird. Sarafane sind meist kunstvoll bestickt und werden oft auch mit Perlen und Bändern verziert.

Упражне́ние 4: Запо́лните. Lesen Sie weiter und setzen Sie die fogenden Wörter ein!

карти́нах красúвое Смо́трите пра́здник

Ники́та кричи́т:

– Друзья́, иди́те сюда́! ______________, кто со мной! Э́то худо́жница, её зову́т Ири́на. Она́ нас всех рису́ет на свои́х ______________.

К ним бегу́т де́вушки с буке́тами, смею́тся и **обнима́ют** Ири́ну. Молоды́е лю́ди ве́жливо здоро́ваются. Все о́чень ра́ды ви́деть И́ру.

– Как здо́рово, что ты пришла́! Сего́дня у нас замеча́тельный ______________! Тебе́ о́чень понра́вится!

– Мне о́чень прия́тно. И я ра́да с ва́ми познако́миться, – ти́хо говори́т Ири́на.

Одна́ из де́вушек говори́т:

– Не **стесня́йся**, И́ра. Смотри́, како́е у тебя́ ______________ пла́тье!

И́ра смо́трит на себя́ и удивля́ется: на ней бо́льше нет вече́рнего пла́тья для вы́ставки. Она́ в стари́нном кра́сном сарафа́не[i]. На голове́ де́вушки краси́вый **вено́к** из цвето́в. «Како́й интере́сный сон. Я не хочу́ просыпа́ться», – ду́мает Ири́на сча́стливо. Она́ до сих пор не мо́жет пове́рить, что э́то не сон. Она́ смо́трит на Ники́ту – он то́же в стари́нном костю́ме. Балу́ **пры́гает** вокру́г люде́й, га́вкает и **ма́шет хвосто́м**.

пры́гать *uv*	springen
маха́ть *uv* **хвосто́м** *m*	mit dem Schwanz wedeln
испу́ганно	erschrocken
тем вре́менем	inzwischen, währenddessen
плести́ *v irr*	flechten
зажига́ть *uv*	entzünden
спуска́ть *uv*	herunterlassen

Ники́та берёт И́ру за́ руку, и они́ бегу́т к реке́. Балу́ бежи́т ря́дом с ни́ми. Вдруг он пры́гает в во́ду и **испу́ганно** га́вкает. Все вокру́г гро́мко смею́тся.

Пото́м де́вушки зову́т И́ру к себе́. Они́ собира́ют вме́сте цветы́ и травы́. **Тем вре́менем** Ники́та идёт к други́м молоды́м лю́дям помога́ть гото́вить костры́.

И́ра **плетёт** венки́ и поёт вме́сте со все́ми стари́нные пе́сни. Иногда́ она́ смо́трит на Ники́ту и улыба́ется.

День и ве́чер прохо́дят бы́стро и ве́село. Ско́ро на не́бе ви́дно пе́рвые звёзды и по́лную луну́. Ночь волшебства́ наконе́ц начина́ется, и молоды́е лю́ди **зажига́ют** костры́. Де́вушки во́дят хорово́ды[i] вокру́г костро́в. Они́ пою́т гро́мче и танцу́ют быстре́е и быстре́е.

> Der Chorowod ist die älteste russische Volkstanzart. Er ist eine Kombination aus Kreistanz und Chorgesang. Die Hauptfigur des Tanzes ist ein Kreis, der die Sonne symbolisieren soll. Die Tänzer bewegen sich im Kreis und folgen somit dem Lauf der Sonne am Himmel.

Пото́м лю́ди бегу́т к реке́. Де́вушки зажига́ют све́чи на венка́х и **спуска́ют** свои́ венки́ на во́ду.

Молоды́е лю́ди должны́ пойма́ть венки́ де́вушек, кото́рые им нра́вятся. Поэ́тому они́ **ло́вят** венки́ в реке́. Де́вушки стоя́т на берегу́ и ждут – кто чей вено́к пойма́ет.

Ники́та ло́вит краси́вый вено́к с тра́вами и кра́сными цвета́ми.

– Ой, Ники́та, э́то мой вено́к!

Ники́та обнима́ет И́ру:

– Я зна́ю, э́тот вено́к **принесёт** сча́стье.

Е́сли э́то сон, то о́чень хоро́ший. Сон и́ли нет – Ири́на прекра́сно **забавля́ется**.

По тради́ции в э́ту ночь на́до **искупа́ться** в реке́ и пото́м пры́гать че́рез костёр. Э́то принесёт сча́стье. Ники́та зовёт И́ру, и они́ бегу́т в во́ду пря́мо в **оде́жде**.

лови́ть *uv*	fangen
принести́ *v*	bringen
забавля́ться *uv*	sich amüsieren
искупа́ться *v*	baden
оде́жда *f*	Kleidung
следова́ть *uv*	folgen
наступа́ть *uv*	einsetzen, beginnen
среди́	inmitten

Други́е **сле́дуют** за ни́ми. Вокру́г люде́й пры́гает Балу́ и то́же игра́ет.

По́сле купа́ния молодёжь бежи́т к костра́м: тепе́рь пора́ пры́гать че́рез ого́нь.

Ники́та и Ири́на де́ржатся за́ руки и пры́гают че́рез костёр. У них получа́ется высоко́ пры́гнуть.

Наступа́ет по́лночь. Вдруг Ири́на ви́дит кра́сные огоньки́ **среди́** дере́вьев в лесу́. И́ра удивля́ется и спра́шивает у Ники́ты:

– Ники́та, что э́то? Что в лесу́ происхо́дит? Там то́же ого́нь?

Упражне́ние 5: Мно́жественное числó. Bilden Sie die Pluralform!

1. костёр ____________________
2. венóк ____________________
3. рукá ____________________
4. собáка ____________________
5. рекá ____________________

– И́ра, я ничегó не ви́жу. Тóлько дерéвья. И в лесý óчень темнó.

– Как? А я там ви́жу крáсные огоньки́.

– И́ра, – говори́т Ники́та серьёзно, – сегóдня ты счастли́вый человéк! Тóлько ты ви́дишь э́ти огоньки́! Я и мои́ друзья́ их не ви́дим. Э́то же цветы́ пáпоротника! Тебé нáдо **сорвáть** оди́н цветóк. Он принесёт тебé счáстье! Тóлько **осторóжно**! Э́ти цветы́ **охраня́ют вéдьмы**.

сорвáть *v*	pflücken
осторóжно	vorsichtig
охраня́ть *uv*	bewachen
вéдьма *f*	Hexe
боя́ться *uv*	sich fürchten

– Ой, Ники́та, я óчень хочý сорвáть такóй цветóк, но я óчень **боюсь**. Вéдьмы, бррр! – И́ра испýганно смóтрит на молодóго человéка. «А éсли э́то не сон?»

– Не нáдо боя́ться, И́ра. К сожалéнию, я не могý тебé

помо́чь. Согла́сно леге́нде, ты должна́ идти́ одна́. Но у тебя́ есть Балу́, а ве́дьмы боя́тся соба́к.
– Да! Балу́ о́чень хоро́ший охра́нник. Везде́ и во всём. – И́ра смо́трит на соба́ку. Балу́ сиди́т ря́дом и ма́шет хвосто́м.
– И́ра, иди́ сюда. Цвето́к на́до сорва́ть в по́лночь! – волну́ется Ники́та.
И́ра зовёт Балу́, и они́ иду́т к ле́су. Свет от костро́в здесь не ви́дно. Ви́дно то́лько кра́сные огоньки́ в лесу́.
И́рина о́чень бои́тся, но всё равно́ идёт в лес. Балу́ идёт ря́дом. В лесу́ о́чень темно́ и тихо́. Ири́на о́чень ра́да, что Балу́ с ней.

тяну́ть *uv*	(aus) strecken
ве́тка *f*	Ast
сме́лый	mutig

Вдруг одно́ де́рево говори́т:
– Кто тут? Что ты хо́чешь?
Ири́на отвеча́ет испу́ганно:
– Я де́вушка. Худо́жник. Меня́ зову́т Ири́на. Я хочу́ сорва́ть кра́сный цвето́к па́поротника.
Де́рево шуми́т и **тя́нет ве́тки** к И́ре:
– Ха-ха-ха! О́чень **сме́лая** де́вушка! Ты не бои́шься ходи́ть одна́ в лес? Ты не бои́шься ведьм?
Ири́на подхо́дит к де́реву:
– Бою́сь. Но я уме́ю разгова́ривать со все́ми. Да́же с ве́дьмами.
Вдруг де́рево превраща́ется в ве́дьму и спра́шивает:
– Ой, зна́чит, ты ви́дишь э́тот цвето́к? Заче́м он тебе́?
Ири́на говори́т:
– В ска́зках мое́й ба́бушки всегда́ бы́ли таки́е цветы́.

Когда́ я была́ ма́ленькая, я ду́мала, что в ска́зках пра́вда напи́сана́, и всегда́ мечта́ла найти́ э́тот цвето́к. Сего́дня я ви́жу настоя́щий цвето́к па́поротника и хочу́...

Ве́дьма гро́мко смеётся:

– И что?

Ири́на отвеча́ет:

– Он принесёт сча́стье.

прокля́тый	verdammter
хвата́ть *uv*	fassen, greifen
возвраща́ться *uv*	zurückkehren
восто́рг *m*	Begeisterung

И я хочу́ быть счастли́вой... и ещё... са́мой лу́чшей худо́жницей на све́те!

Ве́дьма говори́т:

– Нет. Э́тот цвето́к мой.

– Пожа́луйста!

Ве́дьма то́лько смеётся.

Вдруг Балу́ га́вкает.

– Что тако́е? Кто здесь? **Прокля́тая** соба́ка!

Балу́ бежи́т к ве́дьме и га́вкает. Ви́дно, что ве́дьма бои́тся соба́к.

– **Хвата́й** её! – кричи́т Ири́на соба́ке.

– Ой, соба́ка! Я не люблю́ соба́к. Не на́до тут соба́к!

Ве́дьма убега́ет. Балу́ ра́достно ма́шет хвосто́м. И́ра идёт к па́поротнику и срыва́ет цвето́к.

– Балу́, ты молоде́ц!

И́ра **возвраща́ется** к друзья́м. Ники́та её о́чень ждёт. Он ви́дит цвето́к и говори́т в **восто́рге**:

– Како́й краси́вый цвето́к! Ири́на, ты молоде́ц! Я так рад тебя́ ви́деть! И Балу́ молоде́ц! Э́тот цвето́к па́поротника принесёт вам сча́стье. – Ники́та улыба́ется и обнима́ет Ири́ну.

Молоды́е лю́ди то́же поздравля́ют И́ру. Балу́ радостно пры́гает. Все иду́т к реке́. Костры́ ещё горя́т. На не́бе видны́ по́лная луна́ и звёзды. Друзья́ гу́ляют по бе́регу, пою́т пе́сни и во́дят хорово́ды.

Упражне́ние 6: Словосочета́ния. Bilden Sie sinnvolle Wortgruppen!

1. ☐ ви́деть	a) счастли́вой
2. ☐ принести́	b) кра́сные огоньки́
3. ☐ боя́ться	c) к ве́дьме
4. ☐ быть	d) соба́к
5. ☐ бе́гать	e) сча́стье
6. ☐ пры́гать	f) ра́достно

И́ра и Ники́та сидя́т на траве́ на берегу́ реки́. И́ра расска́зывает Ники́те о встре́че с ве́дьмой в лесу́.
Ники́та говори́т:
– Ты о́чень сме́лая де́вушка! А Балу́ хоро́ший друг и охра́нник. С ним мо́жно ничего́ не боя́ться, да́же ведьм.
И́ра и Ники́та сидя́т у костра́ и болта́ют. Ники́та де́ржит в рука́х вено́к из цвето́в, а Ири́на – цвето́к па́поротника. Ники́та расска́зывает о леге́ндах, жи́зни и друзья́х. Ири́на расска́зывает о карти́нах, подру́гах и соба́ке Балу́. Пото́м они́ слу́шают пе́сни и про́сто **молча́т** и смо́трят на луну́ и звёзды.

молча́ть *uv*	schweigen

Упражне́ние 7: Инфинити́вы. Ergänzen Sie den Infinitiv!

1. люблю́ ____________________

2. ви́дишь ____________________

3. улыба́ется ____________________

4. ждут ____________________

5. смо́трят ____________________

– И́ра, И́рочка, просыпа́йся! И́ра, что с тобо́й?
И́ра открыва́ет глаза́ и не мо́жет поня́ть, где она́. Вокру́г стоя́т её друзья́. Они́ о́чень волну́ются. На́стя **трясёт** подру́гу за́ руку.
И́ра сиди́т в кре́сле в мале́нькой ко́мнате музе́я. Балу́ кре́пко спит на полу́ о́коло кре́сла.

трясти́ *uv*	schütteln
пожима́ть *uv* **плеча́ми** *n/pl*	mit den Achseln zucken

– На́стя, Со́ня, почему́ я здесь? Где Ники́та? Где мой сарафа́н? Что происхо́дит?
– И́рочка, ты что? Како́й Ники́та? Здесь нет никако́го Ники́ты, – удивля́ется На́стя.
– Ка́к нет? Он был на вы́ставке. Я же с ним разгова́ривала! – Ири́на ничего́ не понима́ет.
На́стя **пожима́ет плеча́ми**:
– Я не ви́дела никого́. Ты хоте́ла то́лько пять мину́т

отдохну́ть, а че́рез полчаса́ не верну́лась. Я пошла́ за тобо́й и нашла́ тебя в кре́сле. Ты так кре́пко спала́, я не смогла́ тебя́ **разбуди́ть**. Мы с Со́ней уже́ де́сять мину́т пыта́емся тебя разбуди́ть. Уже́ по́лночь! Интере́сно, что и Балу́ о́чень кре́пко спа́л и ещё спит. И вдруг у тебя́ э́тот цвето́к в рука́х! Что́ это? ℹ Отку́да? Я нико́гда в жи́зни не ви́дела тако́го краси́вого цветка́! Как он **па́хнет**! И како́й он кра́сный!

разбу́дить *v*	wecken
пахну́ть *v*	duften
то́лько что	gerade eben

И́ра ничего́ не мо́жет поня́ть. Зна́чит, э́то всё был сон. **То́лько что** она́ с Ники́той и его́ друзья́ми купа́лась в реке́. Пры́гала че́рез костры́. Пе́ла пе́сни с друзья́ми. Слу́шала расска́зы Ники́ты о стари́нных леге́ндах. Смотре́ла на не́бо и звёзды. И вдруг сиди́т в музе́е в кре́сле. Как жаль, что сон зако́нчился. Но е́сли э́то был сон, почему́ у неё в руке́ чуде́сный цвето́к?

Im Russischen gibt es Wortkombinationen, bei denen die Betonung vom nachgestellten zum vorangestellten Wort wandert: **Что́ это**? Oft passiert das in Kombination mit kurzen Präpositionen, z. B. «на», «по», «за», «из», «без». Das nachfolgende Substantiv bleibt in solchen Fällen unbetont: **за́ руку**.

– Де́вушки, дороги́е мои́, я сама́ ничего́ не понима́ю. Э́то то́лько сон? То́лько что мы с Ники́той и его друзья́ми пра́здновали день ле́тнего солнцестоя́ния. А цвето́к я нашла́ в по́лночь в лесу́. И да́же говори́ла с ве́дьмой. А цвето́к – э́то па́поротник. Как в стари́нной леге́нде!

– Не мо́жет быть! Ве́дьмы есть то́лько в ска́зках.

иску́сственный	künstlich
тро́гать *uv*	berühren

Па́поротник никогда́ не цветёт. Э́то все зна́ют. И́ра, ты фантази́руешь. А цвето́к, наве́рное, **иску́сственный**! – Со́ня **тро́гает** цвето́к. – Ой! Цвето́к настоя́щий. Что э́то тако́е?!

Все вокру́г удивля́ются. Но никто́ не ве́рит И́ре, что она́ была́ на пра́зднике ле́тнего солнцестоя́ния.

И́ра расска́зывает о пра́зднике Ива́на Купа́ла, о но́вых друзья́х, о костра́х, о хорово́дах и пе́снях. Лю́ди с интере́сом слу́шают. Ири́на та́кже расска́зывает о ве́дьме в лесу́. Все смею́тся, что ве́дьмы боя́тся соба́к. Балу́ слы́шит, что говоря́т о нём, и ра́достно га́вкает.

По́здней но́чью го́сти ухо́дят. То́лько На́стя и Со́ня убира́ют таре́лки и бока́лы. И́ра идёт по музе́ю. Она́ ду́мает о Ники́те и о том, что случи́лось на пра́зднике на берегу́ реки́. Балу́ идёт за ней. Вдруг он сади́тся пе́ред той са́мой карти́ной «Ночь Ива́на Купа́ла», ма́шет хвосто́м и ра́достно га́вкает. А на карти́не ви́дно лицо́ молодо́го челове́ка! С ра́достью узнаёт И́ра в персона́же Ники́ту: он де́ржит в рука́х её вено́к, смо́трит пря́мо на неё и улыба́ется.

Заключи́тельные упражне́ния

Отве́ты

Слова́рь

Спи́сок упражне́ний

Заключи́тельные упражне́ния

Упражне́ние 1: Поря́док букв. Bringen Sie die Buchstaben in die richtige Reihenfolge!

1. госаянти ____________________

2. дестунт ____________________

3. ниурвеистет ____________________

4. льратуку ____________________

5. цилекя ____________________

6. тпресто ____________________

Упражне́ние 2: Пра́вильно и́ли непра́вильно? Welcher Satz ist korrekt? Kreuzen Sie an!

1. ❐ **a)** Я говори́л.
❐ **b)** Я говори́ть.

2. ❐ **a)** Ты не представля́ешь, что бы́ло.
❐ **b)** Ты не представля́ешь, что была́.

3. ❐ **a)** Я заказа́л ко́фе.
❐ **b)** Я заказа́ли ко́фе.

4. ❐ **a)** Вход беспла́тная.
❐ **b)** Вход беспла́тный.

5. ❐ **a)** Ско́лько сто́ят биле́т?

❐ **b)** Ско́лько сто́ит биле́т?

Упражне́ние 3: Поря́док слов. Bringen Sie die Wörter in die richtige Reihenfolge!

1. е́здила на танцева́льные ча́сто турни́ры Ни́на

____.

2. до прошло́ о́чень командиро́вки бы́стро Вре́мя

____.

3. хоте́ла вина́ купи́ть буты́лку А́нне Ни́на

____.

4. пригласи́ла А́нна во́семь Ни́ну на часо́в

____.

Упражне́ние 4: Проше́дшее вре́мя. Bilden Sie das Präteritum der folgenden Verben für die 1. Person Singular.

1. идти́ ____________________

2. быть ____________________

3. мечта́ть ____________________

4. зави́довать ____________________

5. обща́ться ____________________

6. посове́товать ____________________

Упражне́ние 5: Скры́тое сло́во. Übersetzen Sie und enträtseln Sie das Lösungswort!

1. Grund ☐ _ _ _ _ _ _

2. Arzt _ ☐ _ _

3. Frage _ ☐ _ _ _ _

4. Atmosphäre _ _ _ _ _ ☐ _ _ _

5. Kindheit _ ☐ _ _ _ _ _

6. Freude _ _ _ _ ☐ _ _

7. Höflichkeit _ _ _ _ _ _ _ ☐ _ _

8. Fehler _ _ ☐ _ _ _

9. Anzeige _ _ _ ☐ _ _ _ _ _ _

Lösung: ☐☐☐☐☐☐☐☐☐

Упражне́ние 6: Словосочета́ния. Welche die folgenden Namen und Personen gehören zusammen?

1. ☐ вое́нный	**a)** Ники́та
2. ☐ экскурсово́д	**b)** Его́р Анто́нович
3. ☐ скрипа́ч	**c)** Мари́на
4. ☐ жена́ Ники́ты	**d)** Алекса́ндра
5. ☐ журнали́ст	**e)** Я́ков
6. ☐ балери́на	**f)** А́да Гео́ргиевна

Упражне́ние 7: Вопро́сы. Fragen Sie jeweils nach dem unterstrichenen Satzteil.

1. Больши́е глаза́ смо́трят <u>внима́тельно</u>.

______________________________?

2. Его́ру бы́ло <u>мно́го</u> лет, когда́ они́ познако́мились.

______________________________?

3. Когда́ он учи́лся <u>в университе́те</u>, он писа́л стихи́.

____?

4. Он да́же написа́л небольшу́ю <u>кни́гу</u>.

____?

Упражне́ние 8: Кроссво́рд. Übersetzen Sie die Wörter, um das Kreuzworträtsel zu lösen, und enträtseln Sie das Wort in der senkrechten Spalte!

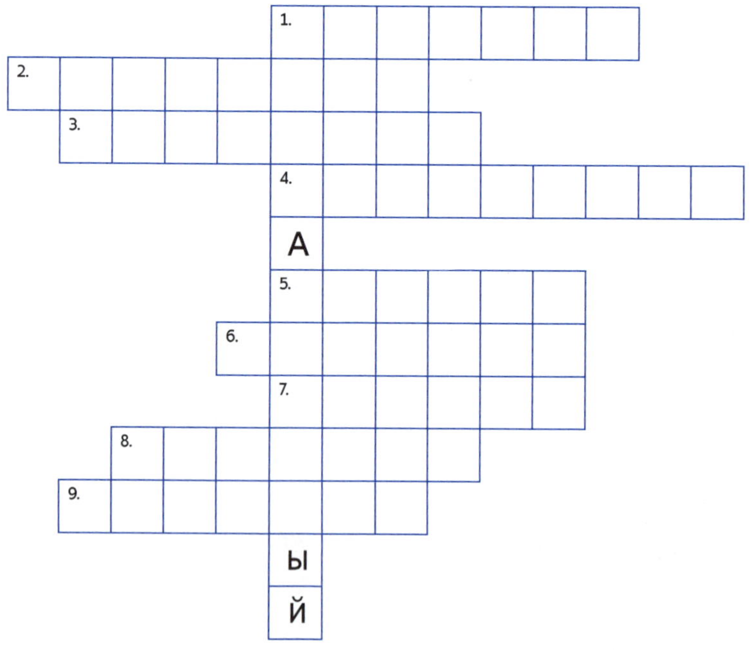

1. lecker **2.** frostig **3.** schön **4.** klein **5.** dünn

6. ehrlich **7.** leicht **8.** groß **9.** schwierig

Lösung: ______________________________

Упражне́ние 9: Поря́док слов. Ordnen Sie die Wörter zu sinnvollen Sätzen!

1. ве́чер   ию́ньский   тёплый   Ти́хий   и

____.

2. па́поротника   найти́   по́лночь   В   цвето́к   мо́жно

____.

3. по   реки́   гуля́ть   бе́регу   Я   люблю́

____.

4. цветы́   собира́ют   берегу   на   Де́вушки   реки́

____.

Упражне́ние 10: Запо́лните. Vervollständigen Sie die Sätze mit folgenden Wörtern:

симпати́чный   рису́ет   стари́нных

хорово́ды   па́поротника

1. Ири́на прекра́сно печёт и талантли́во

   ______________________.

2. На вы́ставку прихо́дит ______________________ молодо́й челове́к.

3. Де́вушки гуля́ют в ______________________ ру́сских костю́мах.

4. Молоды́е лю́ди во́дят ______________________.

5. Худо́жница де́ржит в рука́х цвето́к

   ______________________.

Отве́ты

Мои́ бе́лые но́чи

Упражне́ние 1: **1.** бы́ло **2.** аутенти́чное **3.** здесь **4.** ру́сская **5.** в

Упражне́ние 2: **1.** c **2.** d **3.** a **4.** e **5.** b

Упражне́ние 3: **1.** А́ня заказа́ла фала́фель и бе́лое вино́. **2.** пра́вильно **3.** пра́вильно **4.** Све́та – подру́га А́ни по шко́ле. **5.** Беки́цер – изра́ильский стрит-ба́р. **6.** Он уже́ два го́да жил в Герма́нии. **7.** пра́вильно

Упражне́ние 4: **1.** ду́маю **2.** Евро́пы **3.** часа́ **4.** хоти́те **5.** те́хно

Упражне́ние 5: **1.** пло́хо **2.** го́род **3.** президе́нт **4.** музе́й

Упражне́ние 6: **1.** пре́сса **2.** интерне́т **3.** писа́тель **4.** бар **5.** музыка́нты

Упражне́ние 7: **1.** большо́й **2.** мно́го **3.** зи́мний **4.** просто́й **5.** модерни́зм

Упражне́ние 8: **1.** це́нтру **2.** кварти́ру **3.** ую́тная **4.** после́днем **5.** ко́фе **6.** рубле́й

Упражне́ние 9: **1.** проте́ст **2.** но́вость **3.** ситуа́ция **4.** ко́лледж **5.** Интерне́т

Шаг за ша́гом

Упражне́ние 1: **1.** профе́ссия **2.** роди́тели

3. институ́т **4.** рабо́та
5. настрое́ние

Упражне́ние **2:** **1.** b **2.** a **3.** b **4.** a **5.** b

Упражне́ние **3:** **1.** бы́стро **2.** чита́ла **3.** была́
4. говори́л

Упражне́ние **4:** **1.** Что у меня́ есть? **2.** Кому́ она́ хоте́ла купи́ть вина́? **3.** Как Ни́на пошла́ к ка́ссе? **4.** Куда́ вошла́ Ни́на? **5.** Когда́ я тебе́ о нём расска́зывала?

Упражне́ние **5:** **1.** её **2.** их **3.** с ней **4.** у него́ **5.** ей

Упражне́ние **6:** **1.** ме́сяцы **2.** друзья́
3. командиро́вки **4.** сту́дии
5. телефо́ны

Упражне́ние **7:** **1.** звони́т **2.** узна́л **3.** сказа́ли
4. зову́т

Упражне́ние **8:**

Т	У	Р	Н	И	Р
Е	Ж	А	О	Н	А
Л	И	Б	В	Т	Д
Е	Н	О	О	Е	О
Ф		Т	С	Р	С
О		А	Т	Н	Т
Н			Ь	Е	Ь
				Т	

Пи́сьма и ру́сский мо́роз

Упражне́ние **1:** **1.** Вокру́г до́ма лежи́т бе́лый снег. **2.** Ники́та слы́шит го́лоса люде́й. **3.** Зимо́й день коро́ткий. **4.** В до́ме давно́ никто́ не живёт. **5.** В одно́й из ко́мнат кто́-то разгова́ривает.

Упражне́ние **2:** **1.** в **2.** от, от **3.** со **4.** о́коло **5.** на

Упражне́ние **3:** **1.** за́втракают **2.** спра́шивает **3.** ду́мает **4.** ста́вит **5.** ест

Упражне́ние **4:** **1.** в **2.** на **3.** во **4.** до **5.** на, до

Упражне́ние **5:** **1.** Вку́сная еда́. **2.** На столе́ и́ли на земле́. **3.** Для свои́х дете́й. **4.** Дыра́. **5.** Из де́рева.

Упражне́ние **6:** **1.** Obdachlose **2.** unbekannte **3.** verbrannten **4.** Schriftstücke **5.** Band

Упражне́ние **7:** **1.** карти́ны **2.** поэ́ты **3.** худо́жники **4.** писа́тели **5.** актёры

Упражне́ние **8:** **1.** в **2.** на **3.** в **4.** в **5.** че́рез

Чудеса́ в ночь на Ива́на Купа́ла

Упражне́ние **1:** **1.** d **2.** e **3.** b **4.** c **5.** a

Упражне́ние **2:** **1.** Ири́на про́бует други́е ки́сти. **2.** Он фотографи́рует Ири́ну с карти́нами. **3.** Балу́ смо́трит на карти́ну. **4.** Все карти́ны вися́т на стена́х. **5.** На́стя игра́ет наро́дные пе́сни.

Упражне́ние **3:** **1.** соба́ка **2.** худо́жница **3.** спаси́бо **4.** вы́ставка **5.** подру́га

Упражне́ние **4:** **1.** Смотри́те **2.** карти́нах **3.** пра́здник **4.** краси́вое

Упражне́ние **5:** **1.** костры́ **2.** венки́ **3.** ру́ки **4.** соба́ки **5.** ре́ки

Упражне́ние **6:** **1.** b **2.** e **3.** d **4.** a **5.** c **6.** f

Упражне́ние **7:** **1.** люби́ть **2.** ви́деть **3.** улыба́ться **4.** ждать **5.** смотре́ть

Заключи́тельные упражне́ния

Упражне́ние **1:** **1.** гости́ная **2.** студе́нт **3.** университе́т **4.** культу́ра **5.** ле́кция **6.** проте́ст

Упражне́ние **2:** **1.** a **2.** a **3.** a **4.** b **5.** b

Упражне́ние **3:** **1.** Ни́на ча́сто е́здила на танцева́льные турни́ры. **2.** Вре́мя до командиро́вки прошло́ о́чень бы́стро. **3.** Ни́на хоте́ла купи́ть А́нне буты́лку вина́. **4.** А́нна пригласи́ла Ни́ну на во́семь часо́в.

Упражне́ние **4:** **1.** шёл **2.** был **3.** мечта́л **4.** зави́довал **5.** обща́лся **6.** посове́товал

Упражне́ние **5:** **1.** причи́на **2.** врач **3.** вопро́с **4.** атмосфе́ра **5.** де́тство **6.** ра́дость **7.** ве́жливость **8.** оши́бка **9.** объявле́ние

Lösungswort: профе́ссия

Упражне́ние **6:** **1.** b **2.** f **3.** e **4.** c **5.** a **6.** d

Упражне́ние **7:** **1.** Как смо́трят глаза́? **2.** Ско́лько лет бы́ло Его́ру? **3.** Где он учи́лся? **4.** Что он написа́л?

Упражне́ние **8:** **1.** вку́сный **2.** моро́зный **3.** краси́вый **4.** ма́ленький **5.** то́нкий **6.** че́стный **7.** лёгкий **8.** большо́й **9.** тру́дный

Lösung: внима́тельный

Упражне́ние **9:** **1.** Ти́хий и тёплый ию́ньский ве́чер. **2.** В по́лночь мо́жно найти́ цвето́к па́поротника. **3.** Я так люблю́ гуля́ть по бе́регу реки́. **4.** Де́вушки собира́ют на бе́регу реки́ цветы́.

Упражне́ние **10:** **1.** рису́ет **2.** симпати́чный **3.** стари́нных **4.** хорово́ды **5.** па́поротника

Слова́рь

ϟ = umgangssprachlich
m = maskulin
f = feminin
n = neutral
pl = Plural
uv = unvollendete Verbform
v = vollendete Verbform
irr = unregelmäßiges Verb

ава́рия *f*	Autounfall
аккредита́ция *f*	Anerkennung
арестова́ть *v*	verhaften
а́рка *f*	Bogen
ба́бочка *f*	Schmetterling
бараба́нщик *m*	Schlagzeuger
бастова́ть *uv*	streiken
бе́дность *f*	Armut
бездо́мный	obdachlos
бере́менный	schwanger
беспла́тный	kostenlos
блокно́т *m*	Notizblock
Бог *m*	Gott
богаты́рь *m*	Recke, Hüne
болта́ть *uv*	plaudern
боя́ться *uv*	sich fürchten
брать *uv*	*hier:* mitnehmen
бу́дущий	*hier:* werdender
бульва́р *m*	Boulevard
бума́га *f*	Schriftstück

буфе́т *m*	Küchenbuffet
в ка́честве	als (in der Position als)
вдали́	weit
ведь	doch
ве́дьма *f*	Hexe
ве́жливость *f*	Höflichkeit
ве́жливый	höflich
вено́к *m*	Kranz
ве́тка *f*	Ast
вечери́нка *f*	Party
ви́дно	sichtbar
вое́нная кампа́ния *f*	Militärkampagne
вое́нный *m*	Soldat
возвраща́ться *uv*	zurückkehren
война́ *f*	Krieg
волне́ние *n*	Aufregung
волнова́ться *uv*	aufgeregt sein
волшебство́ *n*	Magie; Zauberei
восто́рг *m*	Begeisterung
восхища́ться *uv*	bewundern
вспомина́ть *uv*	sich erinnern
ϟ **В то́чку!**	Genau!
входи́ть *uv*	hineingehen
вы́ключить *v*	ausmachen
вы́ставка *f*	Ausstellung
га́вкать *uv*	bellen
гла́вное	Hauptsache
гла́вный реда́ктор *m*	Chefredakteur
глу́по	dumm
глу́пость *f*	Unsinn
гости́ная *f*	Wohnzimmer
гото́вить *uv*	vorbereiten
да́же	*hier:* überhaupt
движе́ние *n*	Bewegung
ϟ **держи́сь!**	Halte durch!
де́тство *n*	Kindheit
дневни́к *m*	Tagebuch

до сих пор	**bis jetzt, bisher**
доверя́ть *uv*	**vertrauen**
дока́зывать *uv*	**beweisen**
дома́шний	**heimisch**
доно́с *m*	**Anzeige**
достава́ть *uv*	*hier:* **herausnehmen**
древнегре́ческий язы́к *m*	**Altgriechisch**
дрожа́ть *uv*	**zittern**
друг дру́гу	**einander**
дружи́ть *uv*	**befreundet sein**
дуть *uv*	**wehen, blasen**
дыра́ *f*	**Loch**
дыша́ть *uv*	**atmen**
еди́нственное	**lediglich, nur**
живо́й	**belebt**
жиле́ц *m*	**Bewohner**
жильё *n*	**Unterkunft**
жи́тель/жи́тельница	**Einwohner/in**
забавля́ться *uv*	**sich amüsieren**
забра́ть *v*	*hier:* **entziehen**
зави́довать *uv*	**beneiden**
зага́дочно	**rätselhaft**
за грани́цей *f*	**im Ausland**
зажига́ть *uv*	**entzünden**
зайти́ *v irr*	**vorbeikommen**
зако́н *m*	**Gesetz**
Замеча́тельно!	**Großartig!**
замеча́ть *uv*	**bemerken**
замолча́ть *v*	**verstummen**
за́пах *m*	**Geruch**
запи́ска *f*	**Notiz**
заслу́живать *uv*	**verdienen**
защища́ть *uv*	**verteidigen**
звезда́ *f*	**Stern**
звук *m*	**Geräusch, Laut**
зда́ние *n*	**Gebäude**
зло́ба *f*	**Bosheit**

знамени́тый	berühmt
и́з-за	wegen
измени́ться *v*	sich verändern
ингредие́нт *m*	Bestandteil
иногда́	manchmal, gelegentlich
искупа́ться *v*	baden
иску́сственный	künstlich
испу́ганно	erschrocken
к сожале́нию	leider
↯ **Как жизнь?**	Wie geht's?
кисть *f*	Pinsel
команди́ро́вка *f*	Dienstreise
костёр *m*	Feuerstelle
кра́ска *f*	Farbe
крича́ть *uv*	rufen, schreien
кру́пный	*hier:* stattlich
↯ **кру́то**	cool
кста́ти	*hier:* übrigens
ле́нта *f*	Band
ли́чный	persönlich
лови́ть *uv*	fangen
любо́вный треуго́льник *m*	Liebesdreieck
мастерска́я *f*	Atelier
маха́ть *uv* **хвосто́м** *m*	mit dem Schwanz wedeln
меня́ться *uv*	sich verändern
мечта́ *f*	Traum
мечта́ть *uv*	träumen
миллениа́лы *pl*	„Millennials", Generation der Jahrtausendwende
мир *m*	Frieden
ми́тинг *m*	*hier:* Protestkundgebung
молча́ть *uv*	schweigen
моро́зный узо́р *m*	Eisblumen
мост *m*	Brücke
мотиви́ровать *uv*	motivieren
мочь *uv irr*	können, dürfen
му́чать *uv*	quälen

на любо́й вкус *m*	für jeden Geschmack
наве́рное	vermutlich
наде́яться *uv*	hoffen
накану́не	am Vortag
налива́ть *uv*	eingießen
напу́ган	eingeschüchtert
наро́дная пе́сня *f*	Volkslied
наро́дная ска́зка *f*	Volksmärchen
нару́шиться *v*	gestört werden
настоя́щий	echt
настрое́ние *n*	Laune, Stimmung
наступа́ть *uv*	einsetzen, beginnen
находи́ть *uv*	finden
неда́вно	vor Kurzem
недово́льный	unzufrieden
недружелю́бный	unfreundlich
незабыва́емый	unvergesslich
незнако́мый	unbekannt
не́рвничать *uv*	sich aufregen, aufgeregt sein
никако́й	keinerlei
новостна́я ле́нта *f*	Newsfeed, digitale Pinnwand
нырну́ть *v*	eintauchen
обду́мывать *uv*	bedenken
обнима́ть *uv*	umarmen
обня́ться *v*	sich umarmen
обогна́ть *v irr*	überholen
образо́ванный	gebildet
обща́ться *uv*	Umgang pflegen
о́бщество *n*	Gesellschaft
объявле́ние *n*	Anzeige, Annonce
оде́жда *f*	Kleidung
одно́ и то́ же	das Gleiche
однoку́рсник *m*	Kommilitone
окружа́ть *uv*	umringen
опа́сно	gefährlich
опи́сывать *uv*	*hier:* darstellen
опя́ть	wieder

осо́бенно	insbesondere
осо́бый	besonderer
остава́ться *uv*	bleiben
остана́вливаться *uv*	stoppen, halten
осторо́жно	vorsichtig
о́стров *m*	Insel
отда́ть *v irr*	geben
откры́ть *v*	öffnen
отпусти́ть *v*	laufen lassen
охраня́ть *uv*	bewachen
па́поротник *m*	Farn
па́хнуть *v*	duften
печь *uv*	backen
пла́кать *uv*	weinen
плести́ *v irr*	flechten
пло́щадь *f*	Platz
погаси́ть *v*	löschen
поги́бнуть *v*	umkommen
подводи́ть *uv*	im Stich lassen
подгото́вить *v*	vorbereiten
поддержа́ть *v*	unterstützen, beistehen
поднима́ться *uv*	hinaufsteigen
подписа́ть *v irr*	unterschreiben
подъезжа́ть *uv*	anfahren
пожела́ть *v*	wünschen
пожило́й	älterer
пожима́ть *uv* **плеча́ми** *n/pl*	mit den Achseln zucken
поздравля́ть *uv*	gratulieren
поли́тик *m*	Politiker
полумра́к *m*	Halbdunkel
получа́ть *uv*	bekommen
получи́ться *v*	gelingen
помо́щница *f*	*hier:* Haushaltshilfe
попроща́ться *v*	sich verabschieden
посети́тель *m*	Besucher
посове́товать *v*	jdm. etwas raten
пост *m*	Stellung

поступи́ть *v*	sich einschreiben
потеря́ть *v*	verlieren
появи́ться *v*	*hier:* entstehen
появля́ться *uv*	erscheinen
праба́бушка *f*	Uroma
прав	Recht haben
пра́вда	wirklich
пра́во *n*	Recht
пра́здник *m*	Fest
превраща́ться *uv*	sich verwandeln
приве́тливый	freundlich
привы́кнуть *v*	sich an etw. gewöhnen
пригласи́ть *v*	einladen
приз *m* **зри́тельских симпа́тий** *f/pl*	Publikumspreis
прика́з *m*	Anordnung, Befehl
принести́ *v*	bringen
приня́ть *v* **реше́ние** *n*	eine Entscheidung treffen
присни́ться *v*	träumen
прихо́д *m*	Ankunft
причи́на *f*	Grund
проводи́ть *uv*	verbringen
провожа́ть *uv*	begleiten
прода́ть *v irr*	verkaufen
продолжа́ть *uv*	fortfahren, weitermachen
происходи́ть *uv*	geschehen, sich ereignen
прокля́тый	verdammter
пропада́ть *uv*	verschwinden
протесту́ющий	demonstrierend
прохла́дно	frisch
проходи́ть *uv*	*hier:* hereinkommen
проща́ться *uv*	sich verabschieden
пры́гать *uv*	springen
путеше́ствовать *uv*	reisen
пыта́ться *uv*	versuchen
пье́са *f*	Theaterstück
ра́дость *f*	Freude

разбуди́ть *v*	wecken
разделя́ть *uv*	trennen
рассла́бленный	entspannt, locker
расставля́ть *uv*	*hier:* arrangieren, anordnen
расстила́ть *uv*	etw. flach ausbreiten
ре́дко	selten
реши́ться *v*	*hier:* sich trauen
риэ́лтор *m*	Immobilienmakler
С прие́здом!	Willkommen!
свети́ть *uv*	leuchten
свеча́ *f*	Kerze
свобо́дный	frei
свобо́да *f*	Freiheit
ϟ **свы́ше**	von übergeordneter Stelle
сгуща́ться *uv*	sich verdichten
серьёзный	ernst
сжечь *v*	verbrennen
си́ла *f*	Kraft
сия́ть *uv*	strahlen
ска́зано – сде́лано	gesagt – getan
ска́терть-самобра́нка *f*	Tischleindeckdich
скрипа́ч *m*	Geiger
скри́пка *f*	Geige
скрыва́ть *uv*	geheim halten
скуча́ть по *uv*	jdn./etw. vermissen
сла́дость *f*	Nascherei, Süßes
сле́довать *uv*	folgen
сле́дующий	nächster
слеза́ *f*	Träne
слу́чай *m*	*hier:* Schicksal
случа́йно	zufällig
сли́зывать *uv*	ablecken
сме́лый	mutig
смея́ться *uv*	lachen
снима́ть *uv*	mieten
собира́ть *uv*	sammeln
собира́ться *uv*	sich bereit machen

со́бственный	eigener
сове́тский	sowjetisch
совеща́ние *n*	Besprechung
совреме́нный	zeitgemäß, modern
согласи́ться *v*	zustimmen
солнцестоя́ние *n*	Sonnenwende
со́льный но́мер *m*	Solonummer
сорва́ть *v*	pflücken
спекта́кль *m*	Theatervorstellung
спеши́ть *uv*	eilen, es eilig haben
споко́йно	ruhig
спо́рить *uv*	streiten
спуска́ть *uv*	herunterlassen
сра́зу	sofort
среди́	inmitten
ста́вить *uv*	stellen
стари́нный	altertümlich
стесня́ться *uv*	sich genieren
стих *m*	Gedicht
стра́нно	seltsam
стра́шно	*hier:* zum Fürchten
строка́ *f*	Zeile
суро́вый	rau
съесть *v*	aufessen
та́йна *f*	Geheimnis
та́йные слу́жбы *f/pl*	Geheimdienst
та́кже	auch, ebenfalls
танцовщи́к/танцовщи́ца	Tänzer/in
тво́рчество *n*	Schaffen
тем вре́менем	inzwischen, währenddessen
толка́ть *uv*	stoßen
то́лько что	gerade eben
тот са́мый	derselbe
тра́тить *uv*	*hier:* vergeuden
трава́ *f*	Gras
тро́гать *uv*	berühren
тромбони́ст *m*	Posaunespieler

труд *m*	*hier:* Anstrengung
трясти́ *uv*	schütteln
тяжело́	schwer
тяну́ть *uv*	(aus) strecken
уважа́ть *uv*	achten, respektieren
уво́лить *v*	entlassen, kündigen
удивлённо	erstaunt, verwundert
удово́льствие *n*	Vergnügen
ужа́сно	schrecklich
узна́ть *v*	erfahren
украша́ть *uv*	schmücken
улете́ть *v*	wegfliegen
упа́сть *v*	fallen
успока́иваться *uv*	sich beruhigen
уста́ть *v*	ermüden
ую́тный	gemütlich
фо́рма *f*	Uniform
хвата́ть *uv*	fassen, greifen
хло́пать *uv*	klatschen
что́бы	um … zu
что́-нибудь	irgendetwas
чу́вствовать *uv* **(себя́)**	(sich) fühlen
чуде́сный	*hier:* magisch
широ́кий	breit
шути́ть *uv*	scherzen
экономи́ческий кри́зис *m*	Wirtschaftskrise
экскурсово́д *m*	Museumsführer
электро́нная по́чта *f*	E-Mail
эски́з *m*	Skizze
яи́чница *f*	Rührei

Спи́сок упражне́ний